図解 黒魔術

F FILES No.040

草野　巧 著

新紀元社

はじめに

魔術は善いことにも悪いことにも使える。魔術を使って人の病気を直したり、悪霊を追い払ったりするのは、善い使い方である。反対に、魔術を使って人を病気にしたり、悪霊を招いたりすれば、それは悪い使い方である。ここから、魔術には善い魔術と悪い魔術があるという考え方が生まれてきた。そして、善い魔術は白魔術、悪い魔術は黒魔術と呼ばれるようになったのだ。

したがって、白魔術だろうが黒魔術だろうが、まったく同じ魔術なのであって、区別するのはおかしいということもできる。それは科学技術のことを考えればわかる。科学技術は善いことにも悪いことにも使えるが、だからといって、科学技術そのものを、善い科学技術と悪い科学技術に分ける人はいない。科学技術そのものには善も悪もなく、それを使う人間に善と悪があるということだ。

魔術だって同じであるはずだ。魔術そのものに善悪はなく、それを使う魔術師に善と悪があるのではないだろうか？　それは確かにその通りである。白魔術とか黒魔術といっても、それらを厳密に区別できるわけではない。魔術は魔術なので、原理はどれも同じといってよいのである。

にもかかわらず、白魔術と黒魔術が区別されるのは、白魔術と黒魔術では、魔術そのものの雰囲気がかなり異なってくるからといっていいだろう。魔術は科学技術と異なり、人間の主観的な部分の影響を受けやすいので、邪悪な黒魔術を行う場合には、その儀式の作法なども、いかにも邪悪でおどろおどろしいものになりがちなのである。その結果、白魔術と黒魔術では、まったく違う魔術のように見えるということが起こるのである。

本書では、こういう意味で、邪悪な目的に使われる、いかにも邪悪そうな雰囲気に満ち満ちた魔術を集めて解説している。紹介している魔術の多くは過去に実在した魔術だが、どれも邪悪な目的に使うものなので、決して真似してはいけないなどと、改めて断るまでもないだろう。

草野　巧

目次

第1章　黒魔術の基本　7

No.001 黒魔術とは何か？ ―― 8
No.002 黒魔術の基本法則 ―― 10
No.003 宗教的な黒魔術 ―― 12
No.004 イメージの黒魔術 ―― 14
No.005 死者の黒魔術 ―― 16
No.006 加害者の黒魔術 ―― 18
No.007 衣類の黒魔術 ―― 20
No.008 足跡の黒魔術 ―― 22
No.009 霊魂を捕まえる黒魔術 ―― 24
No.010 影と映像の黒魔術 ―― 26
No.011 食べ残しの黒魔術 ―― 28
No.012 毛髪と爪の黒魔術 ―― 30
No.013 血と唾の黒魔術 ―― 32
No.014 名前の黒魔術 ―― 34
No.015 呪文と黒魔術 ―― 36
コラム　魔術書としての『金枝篇』―― 38

第2章　ヨーロッパの黒魔術　39

No.016 ヨーロッパの黒魔術 ―― 40
No.017 悪魔との契約 ―― 42
No.018 魔女の黒魔術 ―― 44
No.019 魔女の入会式 ―― 46
No.020 サバト ―― 48
No.021 儀礼的魔術 ―― 50
No.022 幻惑魔法 ―― 52
No.023 変身魔法 ―― 54
No.024 人狼魔法 ―― 56
No.025 悪魔学者の人狼魔法 ―― 58
No.026 ヨーロッパの植物性媚薬 ―― 60
No.027 恐怖の媚薬マンドラゴラ ―― 62
No.028 ヨーロッパの動物性媚薬 ―― 64
No.029 愛の蝋人形 ―― 66
No.030 愛の呪文 ―― 68
No.031 透明人間になる術―『ソロモン王の鍵』より 70
No.032 透明人間になる術―『真正奥義書』より 72
No.033 牛乳魔法 ―― 74
No.034 バターの窃盗魔法 ―― 76
No.035 マンドラゴラの窃盗魔法 ―― 78
No.036 不妊魔法 ―― 80
No.037 魔女のはしご ―― 82
No.038 呪殺の蝋人形 ―― 84
No.039 天候魔法 ―― 86
No.040 操風魔法 ―― 88
No.041 悪魔憑き ―― 90
No.042 使い魔の黒魔術 ―― 92
No.043 魔女の軟膏 ―― 94
No.044 災厄転移の魔術 ―― 96
No.045 栄光の手 ―― 98
No.046 魔弾を作る ―― 100
No.047 魔女の邪眼 ―― 102
No.048 黒ミサ ―― 104
No.049 ラ・ヴォワザンの黒ミサ事件 106
No.050 聖セケールの黒ミサ ―― 108
No.051 降霊術—NECROMANCY 110
No.052 魔女エリクトの降霊術 ―― 112
No.053 ムーンチャイルドの降霊術 114
No.054 ギラルディウスのベル ―― 116
コラム　『ソロモン王の鍵』と『ソロモン王の小さな鍵』 118

第3章　日本の黒魔術　119

No.055 日本の黒魔術の特徴 ―― 120
No.056 丑の刻参り ―― 122
No.057 蔭針の法 ―― 124
No.058 犬神の呪法 ―― 126
No.059 陰陽道の式神と呪殺 ―― 128

目次

No.060 式神返しの呪詛 130
No.061 いざなぎ流「厭魅」の法 132
No.062 摧魔怨敵法 134
No.063 六字経法 136
No.064 大威徳明王の調伏法 138
No.065 降三世明王の調伏法 140
No.066 毘沙門天の呪殺法 142
No.067 鬼子母神の呪詛法 144
No.068 九字法 146
No.069 摩利支天隠形法 148
No.070 摩利支天神鞭法 150
No.071 飯綱の法 152
No.072 軍勝秘呪 154
No.073 憑き物用の呪詛返し 156
No.074 蝦蟇の妖術 158
No.075 鼠の妖術 160
コラム 呪術・魔術・妖術・邪術… 162

第４章 中国とその他の世界の黒魔術 163
No.076 中国の黒魔術 164
No.077 禹歩について 166
No.078 禁人 168
No.079 摂魂（摂生魂） 170
No.080 木偶厭魅の術 172
No.081 草人紙人厭魅の術 174
No.082 多種多様な厭魅の術の道具 176
No.083 工匠厭魅の術 178
No.084 蠱毒法 180
No.085 金蚕蠱 182
No.086 挑生法 184
No.087 猫鬼法 186
No.088 酒を腐らせる術 188
No.089 狐涎の法 190
No.090 玉女喜神術 192
No.091 中国の植物性媚薬 194
No.092 中国娼家の性愛魔術 196
No.093 陰門陣の秘法 198
No.094 摩臍過気の法 200
No.095 ヴァジュラバイラヴァの秘法 202
No.096 ゾンビの黒魔術 204
No.097 バリ島の黒魔術師レヤック 206
No.098 アザンデ人の復讐呪薬 208
No.099 アザンデ人の悪い呪薬 210
No.100 マレー半島の恋の魔術 212
No.101 ヴードゥー・ドール 214
コラム 人間はなぜ魔術を信じ続けたか？ 216

索引 217
参考文献 222

第1章
黒魔術の基本

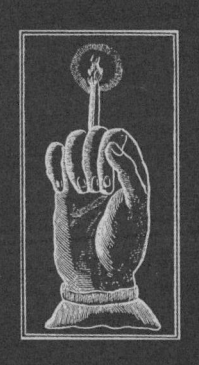

No.001

黒魔術とは何か？

太古の時代から、気に入らない人物やライバルを蹴落とすために黒魔術は存在し、いくら禁止してもなくなることはなかった。

●太古の時代から世界中で実践されてきた邪悪で危険な魔術

黒魔術とは、邪悪な魔術のことである。自分勝手な願望をかなえたり、悪天候を起こして多くの人に迷惑をかけたり、人の家の財産を盗んだり、憎たらしい敵の身体に危害を加えたりする魔術である。もともと邪悪とされる、悪魔、悪霊、死霊などを呼び出すのも、黒魔術である。動物や人間を生贄に捧げるような、残酷な儀式の魔術も黒魔術といっていいだろう。

そんな邪悪なものならば禁止すればいいと思えるが、いくら禁止しても黒魔術はなくならなかった。この世から犯罪がなくならないように、太古の昔から、黒魔術がなくなることはなかったのだ。

そもそも、どんな未開な社会であろうと、複数の人間が一緒に暮らしていれば、相性の悪い相手というのはいるものである。そういうとき、相性の悪い相手を苦しめるために、非常に古い時代から、黒魔術が使われたのだ。美人の人妻を手に入れるために、その夫を黒魔術で呪い殺そうとする人間も存在していた。また、理由もなしに頭が痛くなったり、転んで怪我をしたりした者は、誰かが黒魔術で呪ったからだと考えたのである。

社会が発展し、権力者同士が激しい権力闘争を繰り広げる時代になると、黒魔術は一層盛んに行われるようになった。敵対勢力の大将を呪い殺すために、何十人もの魔術師が集まって、恐ろしい黒魔術の儀式を行うこともしばしばだった。宮廷内での、女性同士の権力争いでは、黒魔術こそが唯一の闘争手段といってもよかった。女性たちは武力で争うことができなかったので、黒魔術よりほかに、頼るものがなかったからである。

しかも、最悪なのは、たとえ黒魔術を使っても、自分が黒魔術師だと考える魔術師はほとんどいないのである。魔術師はみな、自分は正しい白魔術師で、相手こそ邪悪な黒魔術師だと考える傾向があるのだ。

黒魔術とは何か?

黒魔術とは? ➡ 世界中で行われてきた**邪悪な魔術**

他人の財産を盗む
自分勝手な願望をかなえる
憎い敵の身体に危害を加える
悪天候を起こし、人々に迷惑をかける
邪悪な悪魔、悪霊、死霊を呼び出す
生贄を捧げるなど残酷な儀式を行う
異性にわいせつ行為を働く

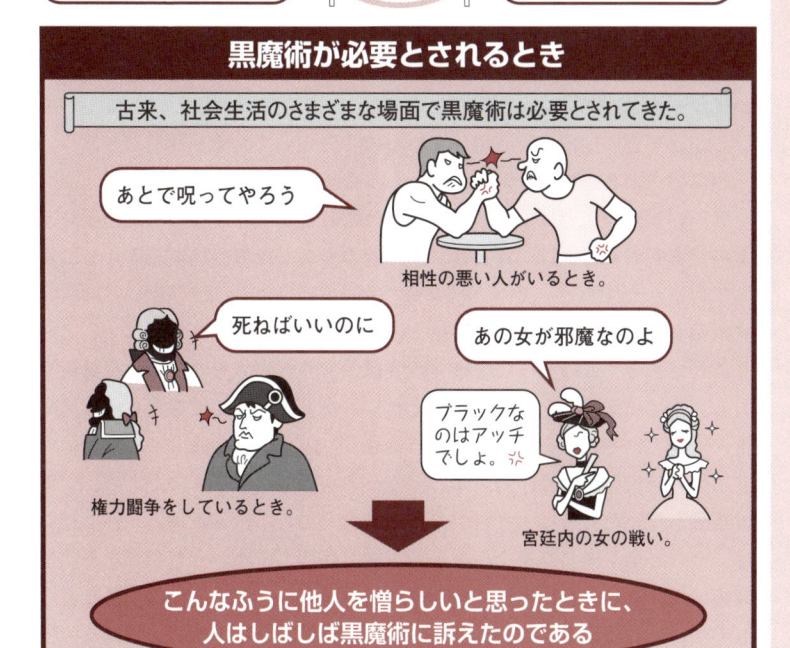

黒魔術が必要とされるとき

古来、社会生活のさまざまな場面で黒魔術は必要とされてきた。

あとで呪ってやろう

相性の悪い人がいるとき。

死ねばいいのに

権力闘争をしているとき。

あの女が邪魔なのよ
ブラックなのはアッチでしょ。

宮廷内の女の戦い。

こんなふうに他人を憎らしいと思ったときに、人はしばしば黒魔術に訴えたのである

No.002

黒魔術の基本法則

太古の時代から、魔術の基本は「類似の法則」と「感染の法則」であり、これら二つを合わせて「共感の法則」と呼ばれている。

●たった二つの基本法則からなる黒魔術

黒魔術であれ、白魔術であれ、魔術の最も基本的な法則は、太古の時代から現代まで、全く変わっていない。その法則は、「類似の法則」と「感染の法則」の二つで、これら二つを合わせて「共感の法則」と呼ばれている。そこで、魔術には類似の法則に基づくものと、感染の法則に基づくものがあることになるが、前者は「類感魔術（類感呪術）」、後者は「感染魔術（感染呪術）」という。また、それらを合わせた共感の法則に基づく魔術は「共感魔術（共感呪術）」という。これらの用語は、**ジェームズ・フレイザー**が20世紀初頭に書いた未開社会の研究書『金枝篇《きんしへん》』に基づいているが、本書の中でも時々用いているので、知っておくと便利だと思う。

類似の法則と感染の法則の意味はおよそ以下の通りである。

第一の類似の法則は、類似したものは類似したものを生み出す、というものである。たとえば、AとBが似たものであった場合、魔術師がBに対して何事かをすれば、それと同じ効果がAに対しても現れる。あるいは、魔術師が、Aが何かしている様子を模倣すると、Aもその通りにするということである。このような魔術の代表は、もちろん人形を使った黒魔術である。相手に似せた人形を作り、それに針などを刺して敵を苦しめる黒魔術について、知らない人はいないだろう。

第二の感染の法則は、過去においてそのものの一部であったもの、または接触していたものは、互いが分離したあとでも、一方に加えられた行為は、それと全く同じ効果を、もう一方に引き起こすというものである。黒魔術の世界では、歯、毛髪、爪などのように、かつては人体の一部だったものが、憎い相手を苦しめるための重要な呪物とされるが、それはこの法則に基づいているのである。

黒魔術の基本法則

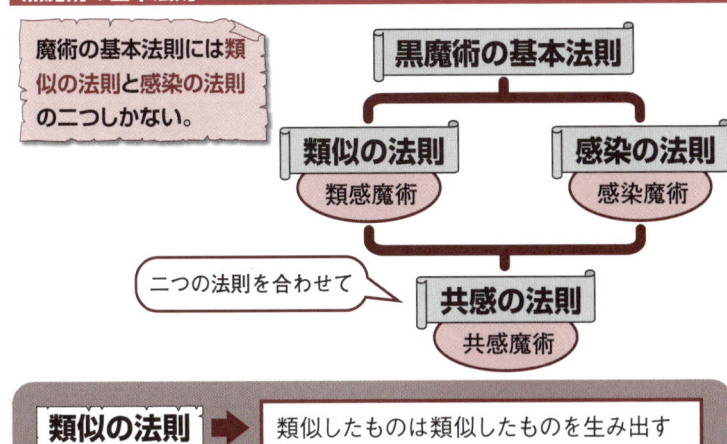

魔術の基本法則には**類似の法則**と**感染の法則**の二つしかない。

黒魔術の基本法則

類似の法則
類感魔術

感染の法則
感染魔術

二つの法則を合わせて

共感の法則
共感魔術

類似の法則 → 類似したものは類似したものを生み出す

相手に似せた人形を作り胸に釘を打ちつける。 → 相手の胸が痛くなる。

感染の法則 → かつてひとつだったものは、分離したあとも、他に対して影響力を持つ

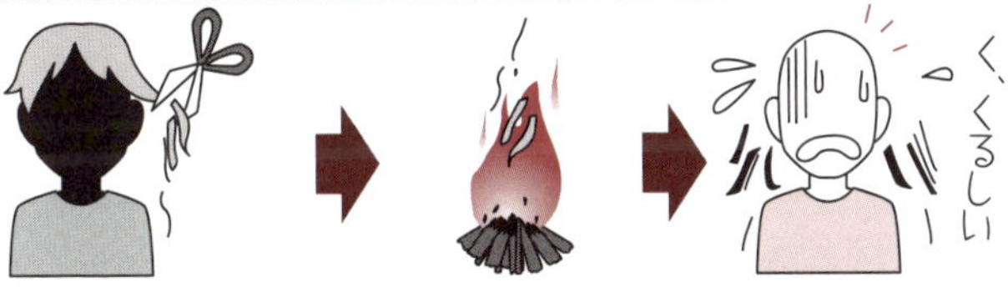

敵の毛髪を手に入れる。 → 毛髪を燃やす。 → 敵が苦しむ。

用語解説

●**ジェームズ・フレイザー**→スコットランド出身の社会民族学者。『金枝篇』が高く評価され、1907年にナイト爵に叙任され、1921年に母校ケンブリッジ大学トリニティ・カレッジ教授に就任した。

No.003

宗教的な黒魔術

宗教的な黒魔術では、魔術の基本原理である「共感の法則」だけでなく、神や霊に祈るという行為が重要とされるようになった。

●世界を支配する神霊の力で黒魔術が実現される

「類似の法則」に基づく「類感魔術（類感呪術）」と「感染の法則」に基づく「感染魔術（感染呪術）」。これらが魔術や黒魔術の二大原理であることは間違いない。だが、それだけで、古代から現代までのすべての黒魔術の原理を説明できるわけではない。なぜなら、時代が下ると、魔術の中に宗教が混ざってくるような現象も起こってくるからだ。こうなると、二大原理だけで、魔術を説明することはできなくなる。宗教にあっては、世界を動かす主役は神や霊だと考えられるからである。それで、宗教的な魔術では、神や霊に祈るという行為が重要になってくるのである。

人形を使って人を呪う魔術を例にとろう。宗教的でない魔術では、憎い相手に似せた人形を作り、さらに名前などを書き、針や釘を刺せば、それだけで相手に危害を加えることができると考える。つまり、黒魔術師の呪詛が一直線に相手に伝わるのである。

ところが、宗教的な黒魔術はそうではない。宗教においては、世界を動かすのは天にいる神霊たちである。それで、魔術師は、人に危害を加えようと望むなら、まず天にいる神霊たちに呼びかけなければならないのである。つまり、黒魔術師と呪われる相手が一直線につながるのではなく、間に神霊という存在が介入し、全体が三角形の関係になるのである。

このことはヨーロッパでもアジアでも同じである。宗教が発展した世界の黒魔術師たちは、神や悪魔やそのほかの大勢の霊たちに呼びかけて、願望を実現してもらうのだ。

人を呪うというときの「呪」という字にも、そのことが表されている。「呪」の旁《つくり》の「兄」という字は人が天に向かって口を開いて何か言っている形象を表している。つまり、天の神霊に訴えているのである。

宗教的な黒魔術

宗教の時代の魔術原理

宗教の時代の黒魔術では、魔術の基本法則のほかに、
神に祈るという行為が重要になってくる。

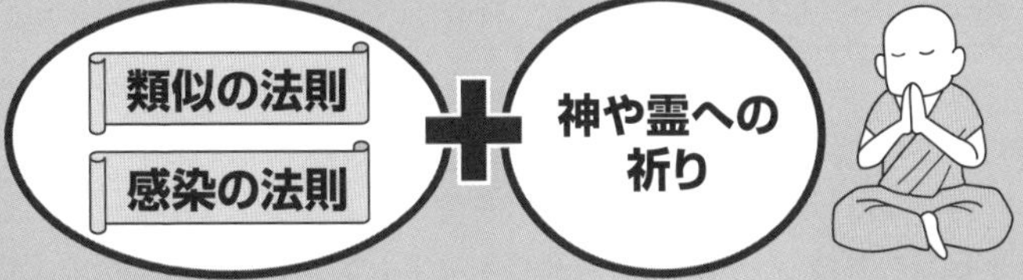
類似の法則
感染の法則
神や霊への祈り

宗教以前の魔術と宗教的な魔術

宗教以前の黒魔術では、魔術師と呪われる相手が直線の関係にある。

えいや～
うあああ～
直線の関係

宗教の時代の魔術では、間に神霊が介入し、
魔術師と呪われる相手が三角形の関係になる。

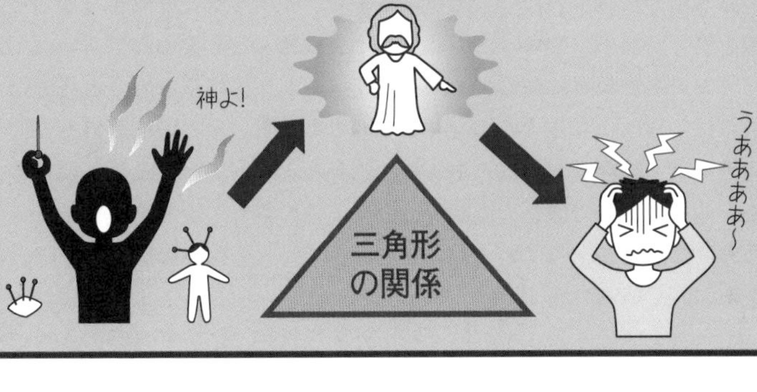
神よ!
うあああ～
三角形の関係

No.004

イメージの黒魔術

人形などの敵に似せた像（イメージ）を利用するイメージの黒魔術は、類感魔術の原理を利用した、最も一般的な黒魔術である。

●像（イメージ）に危害を加えて人を苦しめる

ある人物に似せた像（イメージ）に危害を加えることで、それと同じ苦しみをその人物に与え、最後には死亡させてしまう魔術は数千年の大昔から世界中にあり、現在でも行われている地域がある。これが、イメージの黒魔術で、類似は類似を生む、という類感魔術の原理を利用した、最も一般的な黒魔術である。

ヨーロッパで行われていた蝋《ろう》人形の黒魔術、日本で有名な藁《わら》人形を使った黒魔術など、完全に同じ系統の黒魔術だが、その作法はそれぞれの地域ごとに実にさまざまである。

北アメリカのインディアンの場合、砂、灰、粘土などの上に標的となる人物の像を描いただけでも、それを尖った棒で突き刺すなどして危害を加えると、それと全く同じ危害が、標的の人物にも加えられると信じられていた。同じ北アメリカの**オジブウェイ・インディアン**は標的となる人物の小さな木像を作り、針や矢を打ち込む黒魔術を使った。そうすると、標的となった人物の、木像に針や矢が打ち込まれたのと同じ部分に、激痛が起こると信じられていたのである。しかも、特別な呪文を唱えながらその木像を焼くか埋めてしまうと、相手は即座に死んでしまうと信じられていた。

マレー半島などに住むマレー人のイメージの黒魔術はもっと複雑だった。彼らは、標的となる人物の身体のあちこちから、その一部分である、毛髪、眉毛、爪、唾液などを盗み取った。これをミツバチの古巣とこね合わせて像を作った。その像を七晩続けて火の上にかざし、次の呪文を唱える。

「おれは蝋をあぶっているのではない。○○（名前）の肝臓、心臓、脾臓《ひぞう》をあぶっているのだ」。

これを七晩繰り返すと標的となった人物は死んでしまうというのである。

イメージの黒魔術

イメージの黒魔術 ➡
- 人に似せた像（人形）を使った黒魔術
- 世界中にある最も一般的な黒魔術

ヨーロッパの蝋人形、日本の藁人形も同じ仲間だぞ

イメージの黒魔術のいろいろ

イメージの黒魔術は地域ごとにさまざまなヴァリエーションがある。

北アメリカのインディアンの場合

砂、灰、粘土などに敵の像を描き、尖った棒で突き刺して危害を加えるとそれと全く同じ危害が現実の敵に与えられる。

北アメリカのオジブウェイ・インディアンの場合

敵の小さな木像を作り、針や矢を打ち込むと、現実の敵の同じ部分に、激痛が起こる。

マレー半島のマレー人の場合

敵の毛髪、眉毛、爪、唾液と、ミツバチの古巣をこね合わせて像を作り、七晩続けて火の上にかざし、必要な呪文を唱える。これで相手は死んでしまう。

用語解説

●**オジブウェイ・インディアン**→アメリカ合衆国北部からカナダにかけての地域に住む、アルゴンキン語族のインディアンで、チポワ族とも呼ばれる。

No.005

死者の黒魔術

死者の黒魔術は、狙った相手を、死者と同じように、見ることも、聞くことも、話すことも、動くこともできない状態にしてしまう。

●何もできない死者の性質を伝染させる魔術

死者は何も見ることができず、聞くことができず、話すこともできない。もちろん、動くこともできない。そのため、未開社会の黒い魔術では、死者の骨や死体を焼いた灰を使うことで、類感魔術の原理によって、標的となった人を、死者と同じように、見ることも聞くことも話すことも、また動くこともできない状態にしてしまうことができるとされている。

この種の魔術は世界中にあり、特に泥棒に愛好されていた。クロアチア東部のスラヴォニア地域では、夜間に盗みを働く者たちは次のような魔術に頼った。まず、死人の骨を用意し、盗みに入る前にそれを目的の家の上に投げる。そして、「この骨がもし目を覚ますことがあるならば、この家の者も目を覚ませ！」と呪文を唱え、家に侵入するのである。これだけでその家の者は誰ひとりとして目を覚ますことができなくなるのである。

ジャワには、土を墓場から持ってきて、それを目的の家の周りに撒き散らすという魔術があった。これで、その家の者は目が覚めなくなるので、夜盗たちは自由に盗みを働くことができるのである。

東スラヴのルテニア人の間には、死人の脛骨髄を使う魔術があった。この脛骨髄に獣脂を詰めて蝋燭《ろうそく》を作り、それに火をつけて目的の家の周りを3度回るのである。そうすると、その家の者は死人のように眠ってしまい、夜盗が入り込んでも全く気がつかないのである。

古代ギリシアの夜盗たちは、火葬場で拾った、まだ火がくすぶっている木切れの魔術を使った。その木切れを身につけていれば、たとえ獰猛な番犬がいたとしても完全に沈黙させることができるのである。

ヨーロッパに伝わる有名な「栄光の手」の魔術（No.045参照）もこの系統に属する魔術である。

死者の黒魔術

死者の黒魔術 ➡ 死者の骨や灰を使い、狙った人を死者と同じように身動きできなくする黒魔術

泥棒に愛好された死者の黒魔術

眠っている人が絶対に目を覚まさなくなるので、死者の黒魔術は世界中の泥棒に愛好されたのだ

クロアチアの泥棒

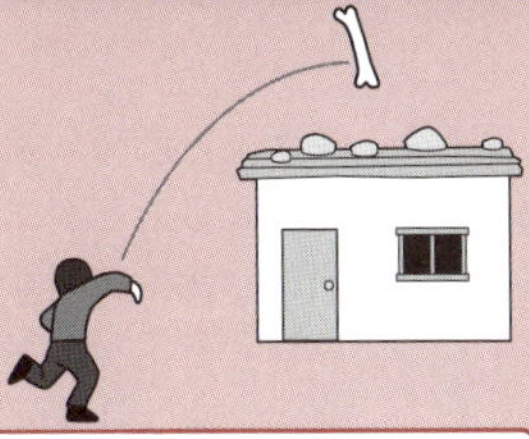

死者の骨を目的の家の上に投げ、呪文を唱える。

ジャワの泥棒

墓場の土を持ってきて、目的の家の周りに撒き散らす。

東スラヴの泥棒

死人の脛骨髄に獣脂を詰めて蝋燭を作り、火をつけて目的の家の周りを３度回る。

古代ギリシアの泥棒

火葬場で拾った、まだ火がくすぶっている木切れを身につけておくと番犬がおとなしくなる。

No.006

加害者の黒魔術

感染魔術の原理によれば、加害者に対して何事かをなせば、その影響は被害者に及び、被害者の傷をさらに悪化させることもできるという。

●負傷させた敵の傷をさらに悪化させる黒魔術

未開人が信じていた感染魔術の原理によれば、かつて一度でも接触したことのあるものは、たとえ遠く離れたとしても、一方になされたことは必ずもう一方にも同じ影響を及ぼす。これを、負傷した被害者と負傷させた加害者の関係に当てはめてみれば、加害者に対して何事かをなせば、その影響は被害者にも及ぶということである。

これは即座に黒魔術に応用できる原理である。つまり、武器を使って敵を傷つけた加害者は、この原理で敵の傷を一層悪化させることができるのである。たとえば、敵を傷つけた加害者が熱いものとか苦いものとか、とにかく身体に悪い刺激性のものを飲んだり食べたりしたとする。すると加害者自身が苦しくなるが、その刺激は被害者にも及び、傷の具合を悪化させ、ついには死に至らしめると信じられていたのである。

敵を傷つけた武器も同じ目的に使うことができる。敵を苦しめたい加害者たちは、敵を傷つけた武器を火で熱したり、もしも敵に刺さったヤジリが手に入ればそれを火で焼いたりするのだ。また、敵を傷つけた弓の弦を極端に強く張ったり、ビンビンと激しくはじいたりするのだ。するとその刺激が敵の傷にまで及び、敵を苦しめるのである。

この原理は、もちろん、白魔術にも応用できる。これは世界中に共通の原理であり、ヨーロッパでも、敵を傷つけた武器に油を塗れば、傷そのものを癒すことができると信じられていた。それで、負傷者がどこにいるかに関係なく、武器に油を塗ることで傷を癒そうとしたのである。刺が刺さった場合には、刺を抜き取ってそれに油を塗るのである。

当然のことだが、こうして油を塗った武器から油を拭き取ってしまえば、被害者の傷はまた痛み出すことになるのである。

加害者の黒魔術

加害者の黒魔術 ➡ 加害者や武器に危害を加えると、その影響で被害者も苦しむ

加害者・武器と被害者の関係

加害者・武器と被害者の間には以下のような関係がある。

武器
ぐあ〜
加害者
被害者

加害者と被害者の場合

熱いもの、苦いもの、刺激性のものなどを食べ加害者が苦しむとその刺激が被害者にも及び、死ぬこともある。

悪いものを
食って苦しい〜
加害者
被害者
う〜ん
もうだめ
かもね

傷つけた武器と被害者の場合

敵を傷つけた武器やヤジリを火で焼いたり、弓の弦をビンビンと激しくはじいたりすると、傷が悪化して被害者が苦しむ。

武器を火で焼
いたりする
敵を傷つけた武器
被害者
う〜ん
もうだめ
かもね

No.007

衣類の黒魔術

汗や体臭が染み込んだ衣類を手に入れれば、たとえどんなに遠くに離れていても、その衣類を着ていた人を確実に呪い殺すことができる。

●衣類を傷つけて着ていた人を苦しめる

衣類は人が普段から身につける身近な道具であり、汗や体臭なども染み込んでいるので、未開社会の黒い魔術において、重要な働きをする。

南太平洋にあるバヌアツ共和国（ニュー・ヘブリデス諸島）のタンナ島では、人に恨みを持ち、その恨みを晴らしたいと思ったら、何よりもまず、その人物の衣類を手に入れなければならないとされていた。衣類を手に入れたら、木の葉や小枝で手に入れた衣類を撫で回す。次に、衣類、木の葉、小枝を細長いソーセージ状に巻く。そして、出来上がったソーセージ状の束をゆっくりと焼く。すると、束が焼けるにしたがって相手は苦しみ、完全に燃え尽きたときに死んでしまうのである。

類似の黒魔術はプロシア（ドイツ北部のあたり）にもあり、たとえ泥棒を逃がしてしまっても、泥棒が逃げるときに落とした衣類があれば捕まえられると信じられていた。泥棒が落としていった衣類を棒などで強く叩くと、泥棒は病気になってしまうからである。

こうしたことが起こるのは、人とその衣類の間に、特別な呪術的共感があるからである。そのため、その衣類に対して加えられた危害は、たとえどんなに遠くに離れていても、その衣類を着ていた人に確実に伝わっていくのである。

人が着ていた衣類どころか、人が使っていた敷物であっても、人を呪うことは可能だった。オーストラリアのヴィクトリアの先住民族の呪術師は、人の使っていたカンガルーの敷物を火であぶるだけで、その持ち主を病気にしてしまったという。この呪いを解くには、病気になった持ち主の家族や友人が呪術師のもとを訪ね、呪術師の許可を得てあぶられた敷物を手に入れ、それを水に入れて火を洗い去る必要があるとされていた。

衣類の黒魔術 ➡ 衣服は汗や体臭が染み込んでおり、黒魔術の重要な道具になる

各地にある衣類を使った黒魔術

衣類を使って恨みを晴らす
方法は、地域ごとにいろいろな
ヴァリエーションがある。

バヌアツ共和国タンナ島

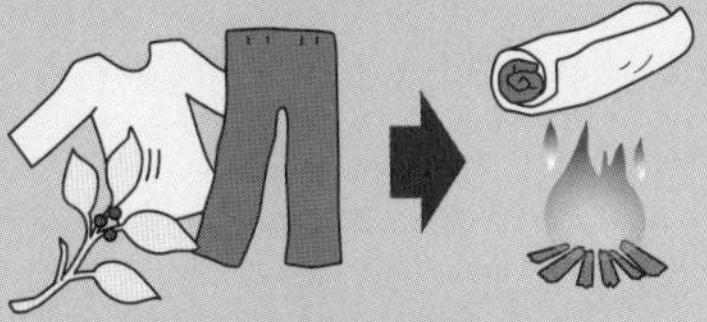

敵の衣類を木の葉や小枝で撫で回す。そのあと、ソーセージ状に巻き、ゆっくりと焼くと、衣類が燃え尽きたとき敵は死ぬ。

プロシア

たとえ泥棒に入られても、泥棒が落としていった衣類を棒などで強く叩くと、泥棒は病気になるので、捕まえられる。

オーストラリア先住民

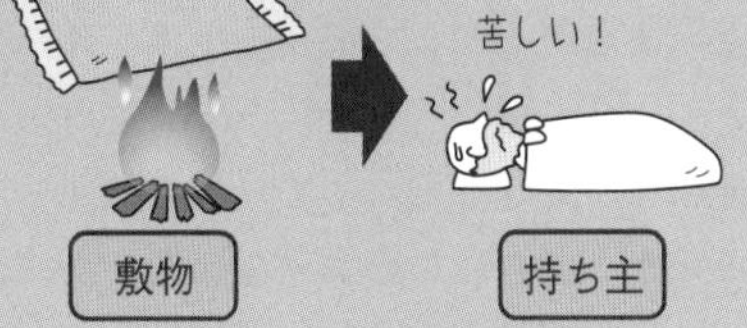

人の使っていたカンガルーの敷物を火であぶるだけで、その持ち主を病気にすることができる。

No.008

足跡の黒魔術

黒魔術師は、砂や土の上に残った足跡や手跡、身体の跡があるだけでも、そこにいた人に呪いをかけ、激痛を与えて苦しめることができる。

●足跡や手跡を通して人に危害を加える

人が砂や土の上で行動すると、その場所に足跡や手跡、身体の跡が残る。これらの跡はそこで行動した人と一度は密接に接触したものであるため、両者の間には感染魔術的な原理が働く。したがって、黒魔術の世界では、砂や土の上に残った足跡や手跡、身体の跡を通して、そこにいた人に呪いをかけることが可能になるのである。

こうした痕跡の中で最も一般的なのは足跡であるため、足跡を利用した黒魔術は世界中に存在している。

オーストラリア東南部の先住民たちの場合、憎い相手を苦しめたいときには、その足跡を見つけ、石英、ガラス、骨などを突き刺したのである。すると、それだけのことで、狙われた者の足跡をつけた方の足に障害が現れ、不自由になると信じられていた。そして、先住民たちはリウマチの痛みが起こると、誰かが自分の足跡に魔術をかけたと考えたのである。

同じような魔術はヨーロッパでも広く行われていた。バルト海沿岸のドイツ・メクレンブルグでは、恨みのある人の足跡に釘を打ち込む場合、その釘は棺桶から抜き取ったものでなければならないとされていた。そうすれば、その人の足に障害が現れるのである。

オーストラリア東南部の先住民たちは、人が横たわったときにできた身体の跡を使っても、同じような魔術が可能だと信じていた。石英やガラスなどの鋭い破片をそこに埋めると、その呪力によって、相手の身体に激痛が走るのである。

古代ギリシアの**ピタゴラス学派**には、朝起きたらすぐに夜具に残った身体の跡を消せ、という戒律があったが、それはこのような魔術をかけられるのを避けるためだったのである。

足跡の黒魔術

足跡の黒魔術 → 足跡・手跡・身体の跡を通してそこにいた人に呪いをかけることができる

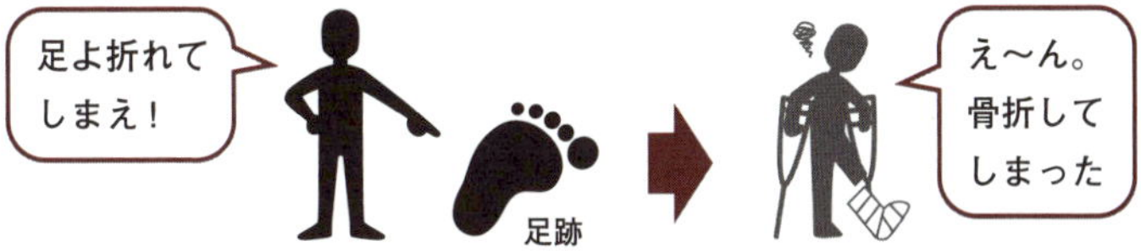
足よ折れてしまえ！
足跡
え～ん。骨折してしまった

世界中にある足跡の黒魔術

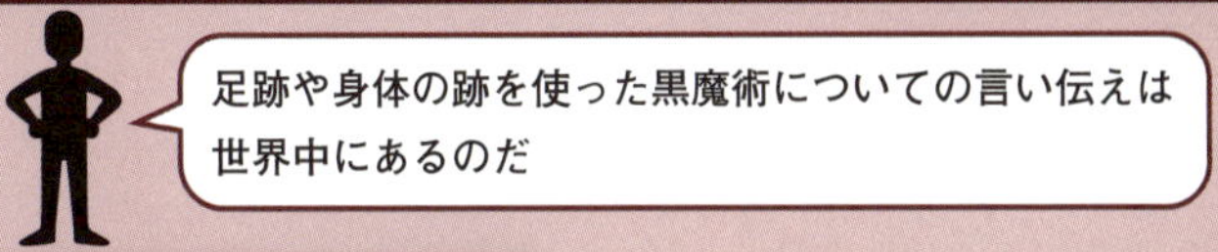
足跡や身体の跡を使った黒魔術についての言い伝えは世界中にあるのだ

オーストラリア先住民

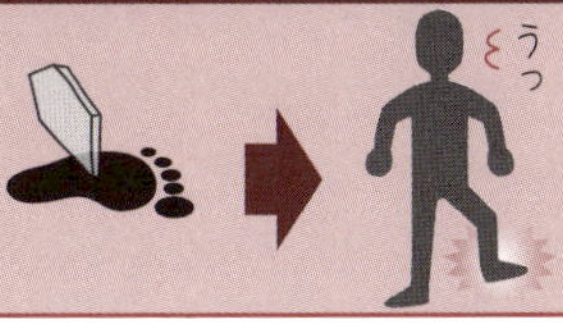
うっ

足跡にガラス、石英などを突き刺すと、その人の足が痛む。

うっ

身体の跡にガラスや石英などを突き刺すと、その人の身体が痛む。

ドイツ・メクレンブルグ

足跡に打ち込む釘は棺桶から抜いた釘でなければならない。

古代ギリシア

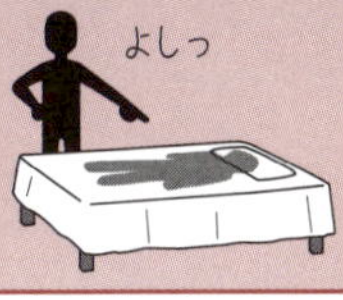
よしっ

黒魔術をかけられないために、目覚めたらすぐにベッドの身体の跡を消せ。

用語解説

●**ピタゴラス学派**→ピタゴラス教団ともいい、古代ギリシアの哲学者のピタゴラスによって創設されたといわれる宗教結社。

No.009

霊魂を捕まえる黒魔術

霊魂を捕獲する黒魔術は世界中にあり、黒魔術師が捕獲した霊魂を傷つければ、霊魂を取られた人は、病気になり、死んでしまうという。

●憎い相手の霊魂を捕まえて苦しめる黒魔術

霊魂の捕獲は基本的な黒魔術のひとつで、世界中の未開な人々の間で行われていた。そのような地域では、魔法使いに霊魂を取られた人は、病気になり、死んでしまうと信じられていた。

フィジーでは、なかなか罪を認めない犯罪者に対し、酋長《しゅうちょう》が霊魂の捕縛術を行うことがあった。酋長は頭巾を手に取り、犯人の頭の上で振り続けるのである。霊魂が入ってきたら頭巾を折り畳み、カヌーの軸先に釘付けにする。すると、霊魂を奪われた犯罪者はやせ衰えて死んでしまうのだという。このため、犯罪者は、酋長が頭巾のことを話題にしただけで、恐怖に震え上がり、すべてを白状してしまうのである。

南太平洋の**デンジャー島**では、恨みに思う相手が病気になると、魔法使いは、両側に大小の異なる大きさの輪を取りつけた、長さが5メートル以上もある罠を相手の家の近くに仕掛けた。病気になるということは、魂が身体から抜け出ることを意味するが、魔法使いはその魂を捕まえ、持ち主のもとに帰れないようにするのである。そして、霊魂（小鳥や昆虫の姿をしているという）が罠にかかれば、その持ち主は必ず死んでしまうのである。

西部アフリカには、眠っている人から抜け出した霊魂を捕まえるために、いつも罠を仕掛けている黒魔術師がいた。黒魔術師は、霊魂を捕まえると、それが誰のものかは気にせず、火の上に吊るす。すると、霊魂は乾燥し、持ち主は病気になるのである。この黒魔術師は別に恨みがあってそうするのではなく、霊魂の持ち主が金を払えば、すぐに霊魂を開放するという。相手に危害を加えたい黒魔術師の場合は、霊魂を捕まえる鉢状の容器の中に刃物や鉤を入れておいた。霊魂がこの中に入って傷つくと、たとえ運よく逃げ帰ったとしても、持ち主は病気になってしまうのだという。

霊魂を捕まえる黒魔術

霊魂の捕獲術 ➡ 霊魂を取られた者は病気になり死んでしまう

霊魂
ひえ〜っ
黒魔術師
霊魂取られたから、
もうだめだね

各地の霊魂捕獲魔術

霊魂を捕獲する黒魔術は、
地域によっていろいろあるから注意が必要だ！

フィジー

頭巾
犯人

犯人の頭の上で頭巾を振り、霊魂が入ったら折り畳み、カヌーの軸先に釘付けにする。すると、霊魂を奪われた犯罪者はやせ衰えて死んでしまう。

デンジャー島

罠
敵
霊魂

恨みに思う相手が病気になったら、両側に輪のついた罠を相手の家の近くに仕掛ける。小鳥や昆虫の姿の霊魂が罠にかかれば、その持ち主は必ず死ぬ。

西部アフリカ

眠っている人から抜け出した霊魂を罠で捕まえ、火であぶる。苦しくなった持ち主がお金を払えば許してやる。

用語解説

●**デンジャー島**→プカプカ島のこと。ハワイ諸島の南南西約3000kmの南太平洋にある孤島。

No.010

影と映像の黒魔術

地面や水に映った影や映像、描かれた肖像や撮られた写真などもその人の霊魂または生命的部分であり、人を苦しめる呪具として利用できる。

●影や映像を使って人に危害を加える

地面に映った影や水に映った映像は、砂の上に残った足跡や手跡と同じように黒魔術の重要な道具になる。なぜなら、世界の多くの地域で、地面や水に映った影や映像はその人の霊魂または生命的部分であると信じられていたからだ。

影や映像の黒魔術にはいろいろなタイプがある。

たとえば、インドネシアのウェタル島には、魔術師が人の影を槍で突いたり、刀で切ったりしてその当人を病気にするという黒魔術があった。

ギリシアでは、建物を頑丈にする生贄として、普通は獣の血を用いたが、ときとして人の影を用いるという魔術があった。人を建物の土台石の所に連れてきて、秘密にその身体や影の寸法を採り、そのメモを土台石の下に埋める。あるいは影の上に土台石を置くのである。こうすると建物は頑丈になるかわりに、その人は年内に死んでしまうのである。

ルーマニアのトランシルヴァニア地方では、このようにして影を埋められた人は、40日以内に死んでしまうと信じられていた。それで、この地方には、壁を丈夫にするために必要な影を建築家に売る影商人という職業まであったのである。

ベーリング海峡のエスキモーの間では、魔術師は人の影を盗むことができ、影を盗まれた者はやせ衰え、最後には死んでしまうと信じられていた。

描かれた肖像や撮られた写真も、以上に述べた影や映像と同じような恐ろしい働きをする。肖像や写真を手に入れた者は、その人に対して、その命まで奪うような決定的な力を及ぼすことができるのである。未開の人たちの多くが、写真を撮られたり、肖像画を描かれたりするのをひどく恐れるのはそのためなのである。

影と映像の黒魔術

影と映像 ➡
- 人の霊魂または生命的部分
- 黒魔術の道具として使える

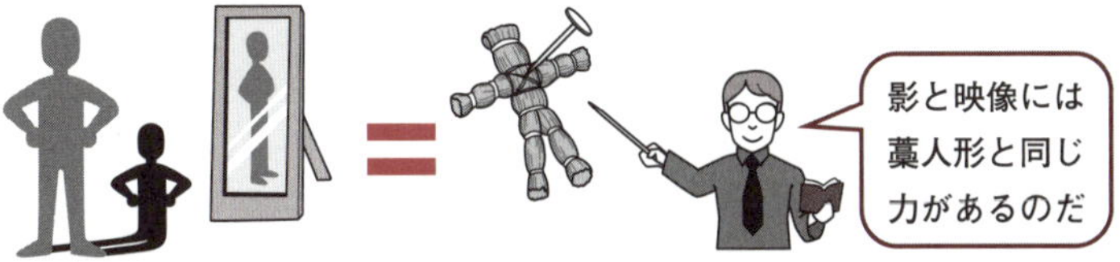
影と映像には
藁人形と同じ
力があるのだ

各地にある影と映像の黒魔術

地面の上の影、水に映った映像でも黒魔術師の手にかかると恐ろしい結果になる。

ウェタル島

人の影を槍や刀で突くと、その人は病気になる。

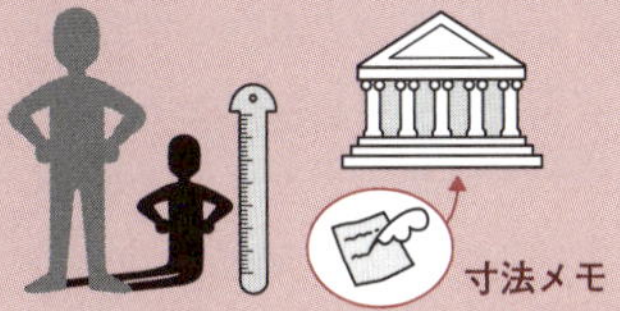
寸法メモ

ギリシア

秘かに人の影の寸法を採り、そのメモを建物の土台石の下に埋めると、建物は頑丈になるが、その人は年内に死ぬ。

ベーリング海峡のエスキモー

人の影を盗むと、影を盗まれた者はやせ衰え、最後には死んでしまう。

No.011

食べ残しの黒魔術

人が食べ残した物も人を呪詛するための強力な道具となるので、黒魔術師の中には、いつも人の食べ残しを探し回っている者がいた。

●いつも人の食べ残しを狙う黒魔術師たち

人が食べ残した物も、人を呪詛するための重要な道具のひとつである。人が何かを食べ、その一部を残した場合、もともとひとつだった食べ物が、人の胃袋の中と、人の外部との二つの場所に存在することになる。感染魔術の原理によれば、このような二つのものの間には、魔術的に深い関係があるのである。

食べ残しを使って人を呪詛する方法はさまざまである。オーストラリア南部のある部族では、黒魔術師たちの儀式は次のようなものだった。まず、赤土と食べ残された魚の油を混ぜてこね、その中に魚の目玉と肉片を混ぜる。これを球状に丸めて骨の先端につけ、一定期間の間、死体の懐《ふところ》に入れておく。これは、呪物に死の力を吸収させるためである。その後取り出して、火を燃やし、そばの土に骨を立てる。すると、火の熱で骨の先端の球が溶けるが、完全に溶けたとき、呪われた相手は死んでしまうのである。しかも、この地域の黒魔術師たちは、誰かが食べた鳥や獣や魚などの骨をいつも探し求めていた。そうやって人を呪うことで、金品を脅し取るのが仕事だったからである。南太平洋ニューヘブリデス諸島のタナ島では、黒魔術師は、誰かが食べ残したバナナの皮などを拾ってきては時間をかけて火であぶったという。もちろん、バナナの皮が燃え尽きれば、バナナを食べた者は死んでしまう。それでバナナを食べた者やその親族は、慌てて黒魔術師の所に行き、贈り物をして呪いをやめてもらうのである。

このように、食べ残した物が黒魔術師の手に入るのは危険なので、これらの地域では、人々は自分が食べ残した物はすぐに自分で処分する習慣があった。ローマ人の間にも、自分が食べたカタツムリや卵の殻をすぐにつぶす習慣があったが、それはこのような理由からだったのである。

食べ残しの黒魔術

食べ残しの黒魔術 → 人が残した食べ物でその人を呪詛する魔術

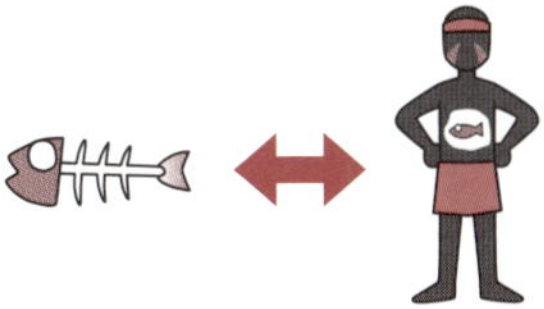

感染魔術の原理によれば、食べ残しと食べられた物の間には、魔術的に深い関係があるため、黒魔術の道具になる。

オーストラリア南部の食べ残しの黒魔術

オーストラリア南部の黒魔術師は魚の油と赤土をこねて、人を病気にできる。
呪われたくなかったら、金を支払うのだ。

その方法は？

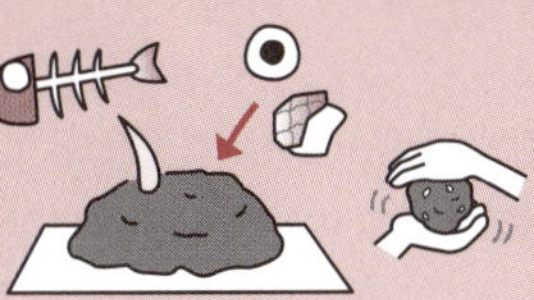

赤土と食べ残された魚の油を混ぜてこね、その中に魚の目玉と肉片を混ぜる。

それを球状に丸めて骨の先端につけ、一定期間の間、死体の懐に入れておく。

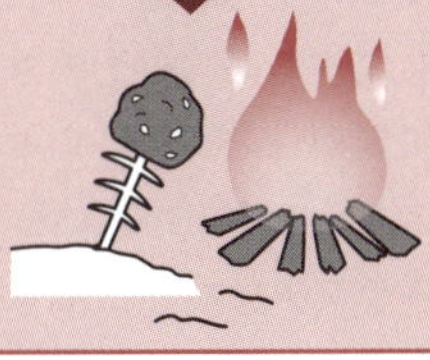

その後取り出して、火を燃やし、そばの土に骨を立てる。

火の熱で骨の先端の球が完全に溶けたとき、呪われた相手は死んでしまう。

No.012

毛髪と爪の黒魔術

毛髪と爪は古代から非常に大きな力を持った呪物であり、呪いの人形に人の毛髪や爪を練り込むだけで、呪詛の力は何倍も強力になる。

●黒魔術のパワーを倍増させる恐るべき呪物

毛髪と爪は、黒魔術の世界では、古代から非常に大きな力を持った呪物とされている。身体から切り離された毛髪と爪があれば、その人に魔法をかけられるという考えは、世界中に存在している。たとえば、人形を使った黒魔術は世界中にあるが、この人形にその人の毛髪や爪を練り込めば、呪詛の力は何倍にもなる。また、毛髪と爪だけでも、人を呪詛するに十分なパワーがある。**マルケサス諸島**の魔術師は、人の毛髪、爪、唾液などその人の身体から出たものを集め、特別な袋に入れ、儀式を行って穴に埋めた。それだけで相手は病気になってしまうのである。それで、魔法使いの手に入ったら大変なので、毛髪や爪の断片は燃やしたり、誰にもわからない場所に埋めたりする習慣が世界中に見られた。

未開人の間には、戦争で敵を捕虜にしたら、髪の毛を切り取ってから解放するという習慣もあった。毛髪を切り取られた捕虜たちは、魔法をかけられるという恐怖から、二度と敵対することはないからである。

毛髪はその人の生命力や超自然的な力が宿る部分でもあった。ヨーロッパの民間伝承では、魔女の魔力は毛髪に詰まっていると考えられていた。聖書に登場する剛腕の**士師《しし》サムソン**のパワーも髪の毛にあったので、悪女デリラに髪の毛を切られたとたんに弱くなってしまった。

毛—とりわけ陰毛には愛の魔力があるという信仰もあった。1590年にスコットランドで起きた魔女事件で逮捕された魔女ジョン・フィアンも陰毛の魔術を使った。彼は若い娘が自分に惚れるようにと、その娘の陰毛3本を使って恋の魔術を行ったのだ。しかし、彼をよく思わない誰かが、娘の陰毛と雌牛の乳房から取った3本の毛を取り替えてしまった。そのため、ジョンは目的の娘ではなく、雌牛に追いかけられてしまったのである。

毛髪と爪の黒魔術

毛髪と爪 ➡ 非常に大きな力を持った黒魔術の呪物

呪いの人形に髪の毛・爪を練り込むと呪詛の力が何倍にもなる

髪の毛の魔術的パワー

古来、人類は髪の毛の黒魔術的パワーを恐れるあまり、
いろいろな習慣を生み出してきた。

黒魔術師の手に渡らないように、毛髪や爪の断片は燃やしたり、地面に埋めたりする習慣が世界中にあった。

敵を捕虜にしたら、二度と逆らわないように、髪の毛を切り取ってから解放する習慣があった。

パワーは髪の毛に宿っていたので、聖書の英雄サムソンは悪女デリラに髪の毛を切られたとたんに弱くなってしまった。

16世紀の魔女ジョン・フィアンは陰毛3本で、若い娘を自分に惚れさせる黒魔術を使い、逮捕された。

用語解説

- **マルケサス諸島**→タヒチ島の北東約1500kmの南太平洋にある14の火山島からなる諸島。
- **士師サムソン**→ダン族出身のイスラエルの英雄で、ペリシテ人との戦いで活躍した。しかし、ペリシテ出身の妻デリラに怪力の源である髪を切られたためにペリシテ人に殺されてしまった。

No.013

血と唾の黒魔術

血と唾も毛髪や爪と同じく黒魔術的に大きな力を持つが、女性特有の血である経血は、女性が男性を手に入れる恋の魔法の強力な成分とされた。

●いろいろな利用法がある黒魔術の呪具

血と唾も、毛髪や爪と同じく、黒魔術的に大きな力を持つ、恐ろしい呪物となるものである。血と唾も、元は人間の身体の一部なので、たとえ身体の外へ出たあとでも、それを通してその人に魔法をかけることができると考えられるからだ。人形を使って人を呪う場合も、優れた黒魔術師は、人形の体内に、毛髪や爪だけでなく、血や唾を混ぜ込むことを忘れないのである。あるインディアンの黒魔術師は、敵の唾を手に入れ、ジャガイモの中に詰め込み、煙の上で燻《いぶ》すことで敵を呪詛した。そうすると、イモが乾燥するにしたがって敵が弱っていくというのだ。あるいは、唾を蛙に飲ませて激流に投げ込むと、敵はマラリアになると信じていた。

血と唾にこのような魔力がある以上、それを敵に奪われれば、その結果は恐ろしいものになる。それで、血や唾が地面に落ちた場合は、それを魔法使いが利用しないように、素早く土をかけて隠したり、木材などに付着したときは、それを削り落とす習慣が世界中にあった。

血と唾の魔力はこのほかにもいろいろある。ヨーロッパの民間伝承では、魔女たちは敵を呪うときに自分の唾を吐くことがあった。人を呪いながら、石に唾を刷り込んだり、唾を塗ったナイフを相手にこすりつけて、相手を病気にする黒魔術もあった。血は唾以上に重要で、魂や生命そのものと考えられることが多かった。血がたくさん出れば人も動物も死んでしまうのだから、それは自然な感覚である。血は魂なので、動物の血を飲むことも禁止される場合があった。

女性特有の血である経血は、女性が男性を手に入れる恋の魔法の強力な成分とされた。ほんの一滴の経血を男性の食事に混ぜるだけで、その男性の愛は保証されると考えられた。

血と唾の黒魔術

血と唾 → 黒魔術的に大きな力を持った呪物となる

血も唾も元は身体の一部なので、身体の外に出てからも、それを通して人に魔法をかけることができる。

血と唾を使った黒魔術は世界中にある

インディアン

敵の唾をジャガイモに詰め火で燻す。

イモが乾燥するにつれ、敵が弱っていく。

敵の唾を蛙に飲ませ、激流に投げ込む。

敵がマラリアになる。

ヨーロッパの魔女

人を呪いながら石に唾をこすりつける。

敵が病気になる。

唾を塗った剣を敵にこすりつける。

敵が病気になる。

No.014

名前の黒魔術

名前にはそのものの本質が宿っているので、ほかに何もなくても、ただ名前だけでもわかれば人を呪うことができると信じられていた。

●そのものの本質が宿る真の名前の恐怖

黒魔術の世界では、人形、毛髪、爪などと同じように、その人の名前を使うことで､呪いをかけることができると信じられている｡黒魔術師にとっては、名前はただ単に誰かを指し示す言葉ではない。名前にはそのものの本質が宿っており、ある意味で、呪いをかける相手の毛髪や爪よりも重大なものなのである。したがって、たとえその人の毛髪、爪、血液、唾液などが手に入らなかったとしても、名前だけでもわかれば、その人を呪うことができる。たとえば、古代ギリシアやローマでは、陶器の破片に、憎い相手の名前と呪いの言葉を一緒に書いて地中に埋め、人を呪う習慣があった。また、名前の上に釘を打って人を呪う習慣もあった。

名前はこのように危険なものだったので、世界中に、通常使用する名前のほかに真の名前を持つ習慣が生まれた。エジプト人には、二つの名前を持つ習慣があった。大きい名前と小さな名前である。小さな名前だけが公にされ、大きい名前は隠されていた。中央オーストラリアに住む土着民たちは、日常の名前のほかに神聖な名前を持っており、特別な場合以外はその名を用いなかった。普段その名を口にするのはタブーだったのだ。古代インドでも、子供は二つの名をもらった。そのうちひとつは常用されたが、もうひとつは両親だけが知っており、結婚のような特別な儀式のときだけに用いられたのである。

このことは、神・天使・悪魔の名前であっても同じである。古代エジプト神話によれば、女神イシスは太陽神ラーの力を奪うために、ラーの真の名前を知ろうとした。イシスはラーの唾液を集めて土と混ぜ、毒蛇を作った。この毒蛇に噛まれ、ラーはもだえ苦しみ、イシスに真の名前を教えた。こうしてイシスは世界の支配者になったのである。

名前の黒魔術

名前 →
・そのものの本質が宿っている
・人形、髪、爪、血、唾以上の恐ろしい呪物となる

苦しめ〜
名前
人形・髪・爪・血を
ガードしているのに
う〜、なぜだ〜

人形・髪・爪・血などがなくても、名前だけで敵を呪うことができる

古代ギリシアの名前の黒魔術

古代ギリシアでは陶片に名前と恨みを書いて地面に埋め、敵を呪った。

名前
病気になれ
陶片
古代ギリシア人
陶片を地面に埋める。
敵

大きい名前と小さい名前

昔のエジプト人は大きな名前と小さな名前を持ち、呪われないために
小さな名前だけを使い、大きな名前は隠しておいた。

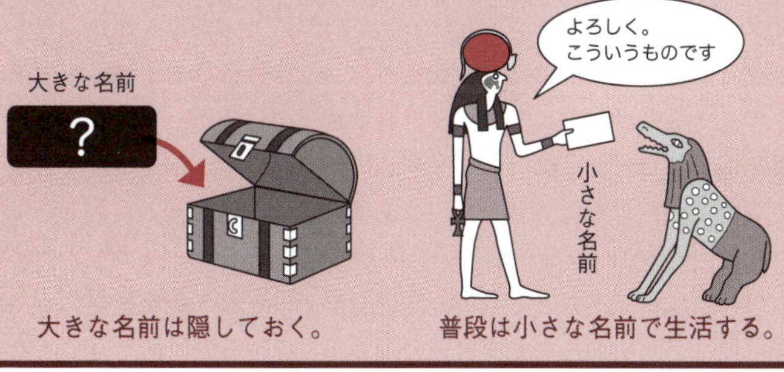
大きな名前
?
よろしく。
こういうものです
小さな名前
大きな名前は隠しておく。
普段は小さな名前で生活する。

No.015

呪文と黒魔術

呪文は自然の精霊や神や悪魔に働きかけ、自分の願望を実現するために必要となる特別な力を持った言葉であり、魔術には不可欠の要素である。

●特別に力ある名前が使用された魔術の呪文

非常に古い時代から、魔術には呪文がつきものだった。宗教以前の時代から、自然界にはさまざまな精霊が住んでおり、魔術師たちは、共感魔術の原理に従うだけでなく、精霊に語りかけることで、その力を得ようとしたからだ。宗教が発達してからは、なおさらだった。そこでは、神や悪魔などの神霊に語りかけなければ、願望を実現することはできないのである。

呪文の内容は宗教によって異なるが、基本的にはその宗教の中で特に力があると考えられる名前や単語を利用したものが多かった。

キリスト教では唯一神である「ヤハウェ」を意味する名前やイエスの名前が、とりわけ力ある名前として利用された。ヨーロッパ魔術の呪文には、「エル」「エロイム」「エロア」「サベイオス」「アドナイ」といった単語が大量に使用されたが、これらはみな神を表す一般的な言葉なのである。神を表す単語の中でもヤハウェを表す「YHVH」の4文字はテトラグラマトン（神聖四文字）と呼ばれ、特別なものと考えられた。「アリミエル」「ガブリエル」といった、大物の天使の名前に頼ることもあった。こうした名前によって、神や天使や悪魔の力を借り、願望を実現したのだ。「**アブラカダブラ**」のような、起源も意味もよくわからないものも多かった。

仏教の真言（マントラ）も、仏教の神々に働きかけるための魔力ある言葉として、魔術の呪文になった。真言は真実の言葉という意味だが、これを唱えることで、魔術師の願望を神仏に直接に働きかけることができると考えられていたのだ。大威徳明王ならば「オン・シュチリ・キャラロハ・ウンケン・ソワカ」、降三世明王ならば「オン・ソンバ・ニソンバウン・バアラ・ウンハッタ」とその神の真言を唱え、さらに敵を呪詛するための真言を重ねて使用することで、神の力で恨みを晴らしてもらうのである。

呪文と黒魔術

呪文 ➡

- ・魔術を行うのに必要な特別な言葉
- ・精霊や神霊に語りかけ、願望を実現する力がある

オン・シュチリ・キャラロハ・ウンケン・ソワカ
ひゃー
呪文の力で神に依頼し、憎い敵を苦しめてもらう

キリスト教世界の力ある言葉

ヨーロッパ魔術では唯一神を表す名前や天使の名前などが、特別に力ある名前として、呪文の言葉に使用された。

特別に力ある名前	テトラグラマトン（神聖四文字）＝YHVH
神を指す言葉	エル、エロイム、エロア、サベイオス、シャダイ、アドナイ、エホバ、ヤー、エイア、ツェバオト、ハシェム、アドシェム、シャロム
天使の名前	アリミエル、ガブリエル、バラキエル、レベス、ヘリソン、アフィリザ、ゲノン
意味不明な言葉	アブラカダブラ、シラス・エタル・ベサナル、オナイム・ペラテス・ラソナストス

仏教のマントラ（真言）

密教などの仏教魔術では、神々の名前や呪詛を表すマントラ（真言）を呪文に取り入れることで、神々を動かした。

大威徳明王	オン・シュチリ・キャラロハ・ウンケン・ソワカ
降三世明王	オン・ソンバ・ニソンバウン・バアラ・ウンハッタ
摩利支天	ナウマク・サンマンダ・ボダナン・オン・マリシエイ・ソワカ
毘沙門天	オン・チシャナベイシラ・マドヤマカラシャヤヤクカシャ・チバタナマクバガバテイマタラハタニ・ソワカ

用語解説

●**アブラカダブラ**→病気や不幸や悪霊を追い払う護符に使われた呪文の言葉。

魔術書としての『金枝篇』

黒魔術に興味を持っている読者の皆さんならば、ぜひ名前くらいは知っておいてほしい本として、ここで『金枝篇《きんしへん》』を紹介したい。

『金枝篇』は、ジェームズ・フレイザー卿（1854〜1941年）の手になる民族学の古典的大著である。この本はイタリアのネミの森を巡るある伝説の謎を解くために書かれている。その森には「森の王」と呼ばれる祭司がおり、誰かに殺されるまで、祭司の職に留まることができたという。つまり、誰かが新しい祭司となるには、現在の祭祀を殺すしかなかったのである。ところが、ここにひとつの条件があった。現在の祭司を殺し、新しい「森の王」になろうとする者は、まずネミの森の湖のほとりにある木立から、聖なる金枝（ヤドリギ）を折り取らなければならなかったのである。それはなぜか？　なぜ、金枝を折り取らなければならなかったのか？　フレイザーはこの謎を解くために、世界各地の神話や伝説、未開社会の信仰を証拠として用いながら、想像的論理を構築していくのである。

しかし、ここで改めて『金枝篇』を紹介するのは、金枝の意味を解明するというこの本のテーマのためではない。テーマよりもむしろ、テーマ以外の部分が黒魔術と深く関係しているからである。なぜなら、フレイザーはテーマとなる議論を展開するために、世界各地にある未開社会に関する書物を読み漁《あさ》り、数えきれないほどたくさんの呪術の事例を採り上げ、詳細に説明しているからだ。

ここまで、本書（『図解　黒魔術』）の第１章では、黒魔術を知る上で欠かすことのできない魔術の基本を紹介してきた。魔術の基本は、「類似の法則」と「感染の法則」の二つで、これら二つを合わせて「共感の法則」と呼ばれていること。また、これらの法則に基づいて、イメージ（人形）、死者、加害者、衣服、足跡、影、毛髪、爪、唾液…などなどが、魔術の世界で非常に大きなパワーを持つということを解説してきた。

実をいうと、こうした事柄の多くも、『金枝篇』に書かれているのである。

こんなわけで、『金枝篇』は決して魔術書ではないのだが、まるで魔術書のように読むことのできる本になっているのだ。

黒魔術に興味を持っているみなさんに、『金枝篇』という名前を憶えてほしいというのもそのためである。

また、『金枝篇』は、H.P.ラヴクラフトの小説『クトゥルフの呼び声』の中でも、ちらと言及されているし、TRPG（テーブルトーク・ロールプレイングゲーム）の『クトゥルフの呼び声』の中では魔導書として扱われている。どうしてそんな扱いになっているのか？　『金枝篇』とはこういう本なのだとわかれば、腑に落ちる人もいるのではないだろうか。

第2章
ヨーロッパの黒魔術

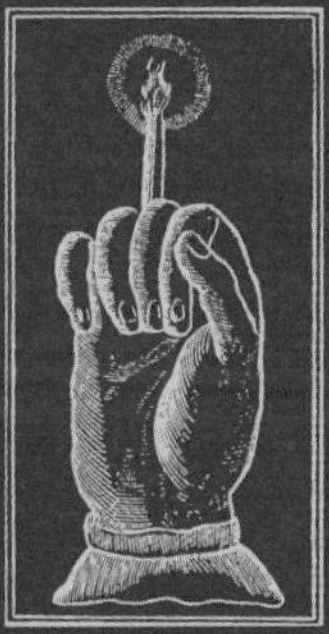

No.016

ヨーロッパの黒魔術

キリスト教が支配したヨーロッパでは、邪悪なことはすべて悪魔から発するのであり、黒魔術もまた悪魔の力を必要とすると考えられていた。

●悪魔の力を借りたヨーロッパの黒魔術

ヨーロッパにおいても、人に危害を加えるような邪悪な魔術が黒魔術であることに変わりはない。ヨーロッパの特殊性は、とくに4世紀以降、キリスト教の力が絶大となり、黒魔術師はみな、悪魔の力を借りていると考えられたことだ。キリスト教では、この世にある邪悪なものは、すべて悪魔から発しているとみなされたからである。

悪魔の力を借りる最も基本的な方法は、悪魔と契約することだった。悪魔と契約するという観念は、早くも4世紀には確立していたが、悪魔と契約した最初の人物として有名なのは、6世紀のテオフィルスである。彼は、シチリアの教会の司教だったが、ライバルに蹴落とされると、魂と引き替えに悪魔と契約し、もう一度司教の座に返り咲いたのである。16世紀ドイツの伝説に登場する**ファウスト博士**も、自分の願望実現のために、悪魔に魂を売り渡したことで有名である。

中世も終わりごろになると、悪魔と契約した者たちは、男でも女でも、みな魔女として忌み嫌われるようになった。そして、数えきれないほどの魔女たちが、ありもしない罪を着せられて、処刑されることになった。

悪魔と契約することなしに、悪魔の力を使う黒魔術師も存在した。魔法円や魔法杖を駆使し、呪文を唱えて悪魔に命令する、儀礼的魔術の使い手たちである。中世後半に、儀礼的魔術は大いに発展し、ヨーロッパ中で大流行することになったのである。

悪魔と契約する場合も、悪魔に命令する場合も、どちらにしても悪魔を召喚する必要がある。その召喚魔術は、“necromancy（降霊術）”をもじって、“nigromancy”と呼ばれた。“nigro”は、もちろん黒という意味であり、それが黒魔術だということが強調されたのである。

ヨーロッパの黒魔術

ヨーロッパの黒魔術 → 人に危害を加える邪悪な魔術

＝

悪魔の力を借りてなされる魔術

悪魔の力を借りる方法

ヨーロッパの黒魔術は悪魔の力でなされると信じられていたが、
悪魔の力を借りる方法は以下の3通りがあった。

悪魔と契約する

悪魔に、自分の願望を実現してもらうかわりに、期限が来たら魂を引き渡す約束をし、契約書にサインする。

魔女になる

中世末期からは、悪魔と契約して魔女になることで、悪魔の力を借りられるようになると考えられた。

儀礼的魔術で悪魔を使役する

儀礼的魔術では、魔法円や魔法杖、特別な呪文などを使って悪魔を召喚し、悪魔に魂を取られたりせずに、一方的に命令して黒魔術を行うことができた。

用語解説

●**ファウスト博士**→ゲーテ作『ファウスト』の元になった伝説に登場する人物で、悪魔メフォストフィレスと契約したとされている。

No.017

悪魔との契約

キリスト教時代の中世ヨーロッパでは、黒魔術を実践するには悪魔と契約する必要があったが、悪魔との契約はしばしば恐ろしい結果を招いた。

●悪魔と契約することで魔法使いになる

キリスト教時代の中世ヨーロッパでは、魔法や占いのような超常現象は、悪魔の力で行われると考えられていた。だから、黒魔術を実践する者はみな、悪魔と契約する必要があった。それはこういうことだ。もしも魔法を使いたければ、どの合図と呪文がどんな意味を持つかを、人と悪魔の間で取り決めておく必要がある。そうすることで、黒魔術師の合図通りに、悪魔が普通ではできないことをなしとげるのである。この取り決めが契約だというのだ。だが、悪魔との契約はしばしば恐ろしい結果を招いた。

ここで、16世紀ドイツの伝説に登場するファウスト博士を例として、悪魔と契約した魔術師はどうなってしまうのか、見ておくことにしよう。

ファウスト博士は魔法使いになるために、ウィッテンベルグに近い森で、四辻に魔法円を描き、夜の9時と10時の間に呪文を唱え、悪魔**メフォストフィレス**を呼び出したといわれている。そして、自らの血で証文を書き上げ、悪魔と契約を結んだ。24年後、悪魔に自分の身体、魂、身代などすべてを譲り渡すかわりに、それまでは、博士が求めたことのすべてを悪魔が実現するというのである。

こうして、博士は、人の目を欺《あざむ》く幻惑魔法や別なものに変身する変身魔法、空を飛ぶ飛行魔法、意のままに女性を手に入れる性愛魔法などを使えるようになったのだ。また、全ヨーロッパだけでなくエジプトやコーカサス、さらには天国や地獄にも瞬時に旅をした。つまり悪魔と契約したことで、ほとんど何でも手に入れることができたのである。

しかし、悪魔との契約は非常に恐ろしい結果を招いた。ついに契約期限が来た日の真夜中、大音響とともに博士の身体はバラバラに吹き飛び、契約通りに、すべてが悪魔のものとなったのである。

悪魔との契約

悪魔との契約 → 黒魔術を行うために結ぶ

→ どの合図と呪文がどんな意味を持つか、人と悪魔の間で取り決めるためのもの

↓

しばしば**恐ろしい結果**を招く

伝説のファウスト博士の悪魔との契約

有名なファウスト博士はウィッテンベルグの森で悪魔メフォストフィレスと以下のような契約を結び、幸福な人生を手に入れた。

契約内容

24年後、自分の身体、魂、身代などすべてを譲り渡すかわりに、博士が求めたことのすべてを悪魔が実現する。

↓

結果は？

魔法を使えるようになっただけでなく、ほとんどすべてのものを手に入れた。

↓

契約期限が来たら？

しかし、契約期限が来た日の真夜中、大音響とともに博士の身体はバラバラに吹き飛び、契約通りに、すべてが悪魔のものとなった。

イラストはオランダ語訳民衆本『ファウスト博士』の挿絵。

用語解説

●**メフォストフィレス**→ゲーテ作『ファウスト』に登場するメフィストフェレスはゲーテの造語である。

No.018

魔女の黒魔術

魔女たちはみな黒魔術師であり、家畜の病気や死、嵐、大雨、日照り、失恋、性的不能などを引き起こし、人々に災厄を振りまいた。

●いろいろな自然災害・災厄をもたらした魔女

中世ヨーロッパでは、**魔女**たちは黒魔術を使い、さまざまな悪行を働くと信じられていた。他人の家畜や財産に損害を与えたり、人を病気にしたり死なせたりするのである。男性を不能にしたり、女性を不妊にすることもあった。頭痛になったりシラミに食われたりするという些細なことも魔女の仕業だった。これら、魔女の働く悪行は“マレフィキア”と呼ばれた。そして、悪行を働くことはサタンと契約していることを意味しており、その者が男でも女でも、魔女だということの証拠となった。

魔女が黒魔術で危害を与える対象は、農業と関係していることが多かった。魔女は黒魔術で、暴風、嵐、強風、悪天候を起こし、作物を枯らし、隣人の家畜を病気にしたり死をもたらしたりするのである。したがって、この種の災厄があって理由がはっきりしない場合、みながそれは魔女のせいだと考えた。そして、心当たりのある者は魔女だと思われる誰かを告発し、魔女狩り人は疑わしい者たちを一斉検挙したのである。

農業と関係のある魔女の黒魔術は、とくに北部ヨーロッパで盛んに行われた。北部ヨーロッパでは中世から農業の生産性が高まっており、農業が重要な産業になっていたからだ。そのため、魔女たちの多くが、農業に被害をもたらしたという罪で逮捕されたのである。

魔女は悪魔の力を借りて黒魔術を使うと考えられていたが、手段としてよく用いられたのは、軟膏《なんこう》、薬草、人形、結び目などを用いるものだった。人形のような形代《かたしろ》を用いるというのは古典的な共感魔術であって世界中にあるが、それで殺人を犯したという話が魔女裁判にはたくさんあるのだ。いわゆる呪文や邪視、使い魔が用いられることもあった。魔術道具としてあまりにも有名な「栄光の手」が利用されることもあった。

魔女の黒魔術

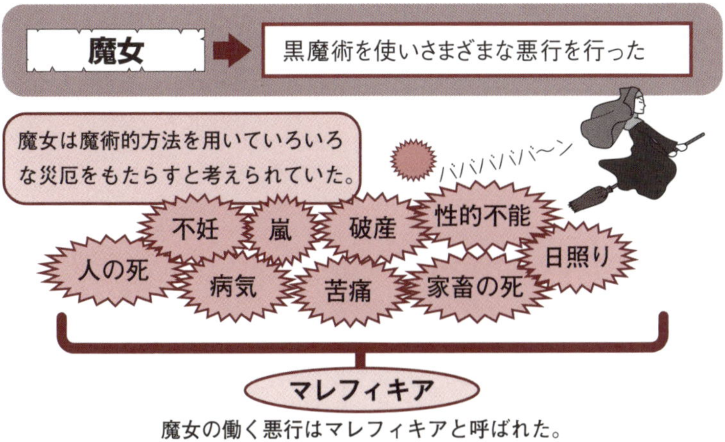
魔女
黒魔術を使いさまざまな悪行を行った
魔女は魔術的方法を用いていろいろな災厄をもたらすと考えられていた。
バババババ～ン
不妊
嵐
破産
性的不能
人の死
病気
苦痛
家畜の死
日照り
マレフィキア
魔女の働く悪行はマレフィキアと呼ばれた。

魔女の黒魔術の手段
魔女は悪魔の助力で黒魔術を行ったが、その手段はいろいろあった。
悪魔
助力
魔女
薬草
軟膏
人形
結び目
使い魔
「栄光の手」
邪眼
エル・エロイム・サベイオス
呪文

用語解説

●**魔女**→病気治療をしたり不思議な魔術を行う魔女は大昔から存在したが、中世後期になると悪魔の手先とみなされ、裁判にかけられ、処刑されるようになった。

No.019

魔女の入会式

中世ヨーロッパの魔女たちは、魔女の夜宴（サバト）に参加し、魔王サタンの目の前で入会式を行うことで、悪魔と契約した。

●魔女になるために必要な悪魔との契約

ファウスト博士が行ったような伝統的な方法のほかにも、悪魔と契約する方法はあった。それは、魔女狩りが盛んだった16〜17世紀ころのヨーロッパで、魔女たちの多くが悪魔と契約するために行った方法だった。これらの魔女たちは、魔女たちの夜宴であるサバトに参加し、魔王サタンの目の前で入会式を行うことで、悪魔と契約したのである。

魔女の入会式については魔女自身によって、または悪魔学者たちによってさまざまに語られている。16世紀の悪魔学者**ウィリアム・パーキンズ**は、入会式ではサタンとの間に魔女の血で書かれた契約書が交わされるといっている。契約に際して、魔女はサタンの臀部《でんぶ》に接吻《せっぷん》するともいわれた。

フランチェスコ・マリア・グアッツォの『蠱物《こぶつ》要覧』（1608年）では、魔女の入会式は次のようなものだとされている。

まず新人魔女がサタンの前に進み出て、キリスト教を否定し、悪魔への帰依《きえ》を誓う。宣誓後、十字架や聖母マリア、聖人などの像を踏みにじる。サタンはその魔女に新たな名を与え、再洗礼を授ける。再洗礼は一般に汚れた水で行うといわれた。続けてサタンが魔女の顔をこする。これは洗礼の聖油を取り除く象徴的儀式である。そして魔女のそれまでの名親が否定され、新たな名親が決定される。魔女は悪魔への服従の印に衣服の一部を捧げ、地面に魔法円を描き、その中で悪魔への忠誠を誓う。その後、魔女は「死の書」に名前を記入してくれるようサタンに要請し、悪魔に対して幼い子供を捧げる約束と年に一度捧げものをする約束をする。サタンが魔女の身体のあちこちに魔女の印をつける。最後に魔女は今後キリスト教的な儀式を行わないこと、契約の秘密を守ることを約束するのである。

こうして魔女となった者だけが、悪魔の助力を得られるのである。

魔女の入会式

魔女の入会式 ➡ 魔女の多くが悪魔と契約した方法

⬇

悪魔の力で**黒魔術が使えるようになる**

魔女の入会式のプログラム

『蠱物要覧』(1608年)によると、魔女の入会式は次のようなプログラムで行われるとされる。

①キリスト教信仰を否定し、サタンへの帰依を誓う。

⬇

②サタンが入会者を再洗礼する。

⬇

③洗礼の聖油を取り除く儀式。

⬇

④服従の印に魔女が衣服の一部を捧げる。

➡

⑤魔法円の中で悪魔への服従を誓う。

⬇

⑥「死の書」への名前の記載。

⬇

⑦子供を犠牲にする約束。

⬇

⑧今後はキリスト教の儀式をしないことを誓う。

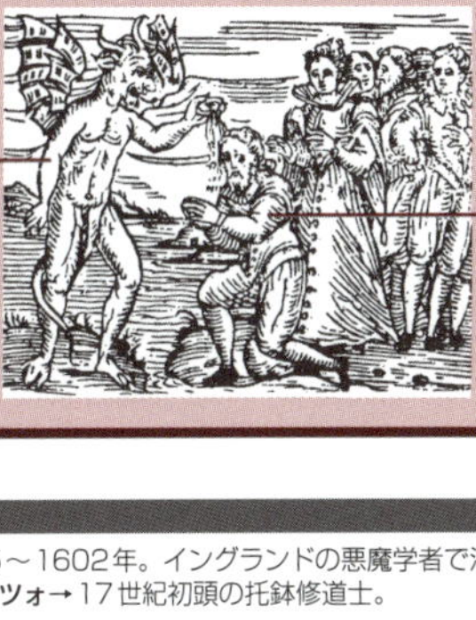

『蠱物要覧』(1608年)にある版画。
魔女の入会式の一場面。

用語解説

- ●**ウィリアム・パーキンズ→**1555～1602年。イングランドの悪魔学者で清教徒派の説教師。
- ●**フランチェスコ・マリア・グアッツォ→**17世紀初頭の托鉢修道士。

No.020

サバト

黒魔術の使い手である魔女たちはみな、悪魔サタンが主催するサバトに参加したので、サバトと黒魔術は切っても切れない関係にあった。

●人々を黒魔術を使う魔女に変えた悪魔主催の集会

サバトとは悪魔サタンが主催する、魔女たちの夜宴である。したがって、サバトはそれ自体が黒魔術というわけではない。だが、サバトは黒魔術と切っても切れない関係にあった。中世から17世紀頃までのヨーロッパでは、妖術や魔術の源泉は悪魔だと信じられていた。そして、邪悪な魔術を使う者たちの多くは、男でも女でも、悪魔と契約した魔女であり、定期的にサバトに参加すると信じられていたからだ。

サバトはおよそ次のようなものとしてイメージされていた。

その夜、魔女たちは夫や妻に気付かれないようにベッドを出て、身体に軟膏を塗る。すると身体が宙に浮くようになるので、箒《ほうき》などにまたがって飛んでゆく。集会はとにかく人気のない場所、荒地、森の中、洞穴などで行われる。参加者が集まってきたら、まず悪魔サタンへ崇拝を捧げ、初めて来た者がいたら入会式を行う。サタンは、多くの場合は巨大で真っ黒な牡山羊の姿をしており、2本の角があり、その間に火のついた蝋燭を立てていた。それから、飲食。ここでは、殺してきた子供の肉や血を食べたりする。宴会が終わったら、松明の火を消してあたりを真っ暗にし、「交われ」という声を上げ、全員が手近にいる者と抱き合い、男同士、女同士、近親者であろうと相手かまわずに性的な乱交を行う。それから、別れの儀式。帰宅したら静かに元のベッドに戻るのである。

しかし、サバトは現実には存在しない幻想だったので、開催日も開催場所も参加人数も証言者によってまちまちだった。17世紀初頭の魔女狩り人ピエール・ド・ランクル（1553～1631年）は、サバトは商人の市のようで、狂った者たちがあらゆる方角から波のように押し寄せ、その数は何十万人にも及ぶなどといっている。

サバト ➡ 魔女＝黒魔術師が定期的に集まる夜宴

サバトのイメージ

魔女狩り時代のヨーロッパ人は、
サバトとはおよそ次のようなものだとイメージしていた。

概　要

開催日時　土曜日・日曜日を除く日の深夜より開催。

移動手段　身体に軟膏を塗り、箒に乗って空を飛んでくる。

サバトの流れ

⬇悪魔礼拝　悪魔へ敬意を表す臣従の礼。

⬇入会式　初めての参加者のための入会式。

⬇宴　会　素晴らしい料理（ただし犬・猫・蛙料理もあり）。

⬇舞　踏　田舎風音楽でダンス（ロンドが多い）。

⬇乱　交　そばにいる人と、男同士、女同士かまわず乱交。

終　了　自然終了または夜明けを告げる雄鳥の鳴き声を合図に。

ブロッケン山の魔女のサバトの様子を描いた
18世紀の版画。

エリファス・レヴィが描いた
サバトのサタン「メンデスのバフォメット」。

No.021

儀礼的魔術

儀礼的魔術は、悪魔と契約することなく悪魔の力を使う黒魔術であり、中世後期から大いに発展し、ヨーロッパ中で流行した。

●込み入った儀式で悪魔を服従させる黒魔術

ヨーロッパには、悪魔と契約することなく、悪魔の力を使う魔術も存在していた。魔法円、印章、護符、**シジル**、魔法杖などの魔道具や、とりわけ呪文の力で悪魔を呼び出して自分の願望を叶える儀礼的魔術（リチュアル・マジック）あるいは祭儀的魔術（セレモニアル・マジック）である。

この種の魔術は、古代から存在していたが、中世後期から大いに発展した。そして、近世にかけて、儀礼的魔術の手順を細かく解説したグリモワール（魔導書）という魔術書が大量に出回った。**『ソロモン王の鍵』**『大奥義書』『ホノリウス教皇の魔道書』といった魔術書である。魔術師たちは、こうした魔導書に従うことで、悪魔と契約するという危険を冒すことなく、魔術を行えると信じていた。儀礼的魔術にあっては、魔術師は悪魔たちに仕える者ではなく、悪魔の主人だったのである。しかし、たとえそうであっても、悪魔と関係する魔術には違いないので、儀礼的魔術もまた、多くの人々から黒魔術だとみなされたのだった。

儀礼的魔術が黒魔術だと考えられたのは、その儀式が残酷でグロテスクな内容を含むことが多かったからでもあった。18世紀初頭のパリで人気のあった『ホノリウス教皇の魔道書』などは、その代表格だった。この書は基本的に闇の霊の召喚方法を紹介するものだが、その準備段階として黒い雌鶏を生贄にし、目玉、舌、心臓を取り出してパウダー状にしたものを羊皮紙の上に振りまくなど、血まみれの残酷な行為が必要になる。そして3日間の断食をし、その後詩編の何節かを連祷形式で朗誦する。さらに、規則に従ってソロモン王の魔法円やペンタクルを使った祈りを捧げる。そのうえで指定された魔法円などを使って悪魔を呼び出すのである。こうした残酷さによって、儀礼的魔術は黒魔術だと考えられたのである。

儀礼的魔術

儀礼的魔術
祭儀的魔術
→
・悪魔と契約することなく、悪魔を利用する魔術
・魔法円、印章、護符、魔法杖、呪文などを使う

↓

中世後期から大流行し、大量の魔導書が出回った

悪魔との契約と儀礼的魔術の違い

悪魔との契約では最終的には悪魔が主人、魔術師が従者だったが、
儀礼的魔術では魔術師が主人で、悪魔が従者だった。

悪魔との契約　　**儀礼的魔術**

契約しますので
お願いします
よし、わかった
やるのだ
仕方ない

魔術師＝従者　悪魔＝主人　魔術師＝主人　悪魔＝従者

グロテスクだった儀礼的魔術の儀式

儀礼的魔術の儀式 → しばしば残酷でグロテスクな内容を含んだ

↓

黒い雌鳥を殺し、両目をえぐり出し、舌と心臓を取り出し、それを
天日に乾してパウダー状にしたものを羊皮紙の上に振りまく。

↓

黒魔術っぽさが、倍増した

用語解説

●**シジル**→印章や護符に描かれている特別な図形で、召喚する悪魔や目的によって異なる。
●**『ソロモン王の鍵』**→伝説的にソロモン王が書いたとされる最も重要な魔導書で、14、15世紀頃に書かれ、人気を博した。『ソロモン王の小さな鍵』とは別のものである。

No.022

幻惑魔法

幻惑魔法は人の視覚や聴覚を狂わせる黒魔術で、人をびっくりさせたり、金をだまし取ったり、自分を神だと思わせたりするのに使われた。

●シモン・マグスの流れを引く伝統的黒魔術

幻惑魔法はその名の通り人の視覚や聴覚を狂わせ、人を欺く黒魔術である。そうやって人をびっくりさせたり、金をだまし取ったり、自分を神だと思わせたりするのである。

ヨーロッパで幻惑魔法を使った魔術師としては、使徒行伝にも登場するシモン・マグスが有名である。『黄金伝説』「第84章　使徒聖ペテロ」によると、シモンは**ネロ皇帝**に「仁慈なる皇帝陛下、わたしがほんとうに神の子であることを知っていただくために、わたしの首をはねよと部下にお命じください。そうしますれば、三日後に復活してごらんに入れましょう」(前田敬作・山口裕訳）といった。そこで、皇帝は刑吏にシモンの首をはねるように命じたが、刑吏がシモンの首だと思って打ち落としたのは実は雄羊の首だった。そして3日後、シモンが生きた無傷の姿で現れたので、ネロ皇帝はびっくりし、本当に彼は神の子だと信じたのである。

しかし、そこに**使徒ペテロ**がやってきたことで、すべてが暴かれる。つまり、シモンの復活はただの幻惑魔法であり、何もかもが、悪魔が出現させたイリュージョンだったというのである。

このような幻惑魔法は、ヨーロッパの伝説に数多く登場する。16世紀ドイツで生まれたファウスト伝説にも、悪魔と契約したファウスト博士が、荷馬車と馬を口の中に飲み込み、農民たちを驚かせる場面などがある。

ここで注目したいのは、いずれの場合も、幻惑魔法は悪魔の助力によって行われるということだ。そんなわけで、もし幻惑魔法を使いたいなら、考えられる方法は次の二つである。魂と引き替えに悪魔と契約し、悪魔を味方にする（No.017参照)。魔導書などを参考にして悪魔を召喚して使役する（No.021参照)。そのあとで、悪魔に依頼するのである。

幻惑魔法

幻惑魔法 ➡
- 人の目や耳を幻惑し、あざむく黒魔術
- 人をびっくりさせ、金をだまし取ったりする

シモン・マグスの幻惑魔法

シモン・マグス ➡
- 幻惑魔法で有名な魔術師
- 新約聖書『使徒行伝』に登場

『黄金伝説』によれば、シモン・マグスの幻惑魔法は下のようなものだった。

①「部下にわたしの首を斬るように命じてください。3日後にわたしは復活します」とネロ皇帝に直訴する。

②シモンは幻惑魔法を使い、自分のかわりに雄羊の首を斬らせる。

③ 3 日後にネロ皇帝の前に出現し、自分は神の子だと皇帝に信じさせた。

幻惑魔法の原理

幻惑魔法は悪魔の助力で行われるイリュージョンである。

用語解説

●**ネロ皇帝**→ローマ帝国の第5代皇帝。在位58〜68年。キリスト教徒を迫害したことから暴君ネロと呼ばれた。
●**使徒ペテロ**→イエス・キリストに従った12人の使徒のひとり。

No.023

変身魔法

変身魔法は人の姿を動物や物体などに変えてしまう黒魔術で、人に知られずに悪いことをしたり、他人を変身させて困らせるのに使われた。

●膏薬や悪魔の力で人を動物に変える黒魔術

変身魔法は人の姿を動物や物体などに変えてしまう、ヨーロッパに古くからある黒魔術である。自分自身が変身することで人に知られずに悪いことをすることもあれば、他人を変身させて困らせることもある。

2世紀のローマの作家アプレイウスの小説『黄金のロバ』に、その時代の変身魔法の様子が描かれている。主人公ルキウスは旅先のテッサリアで金貸しロミオの家に宿泊するが、そのロミオの妻パンフィレエが魔法使いで、変身魔法を使うのである。それは次のようなものだった。まず、着ていた物をすっかり脱いで丸裸になる。小箱から特別な膏薬をつまみ、足の先から頭髪の先まで全身に塗りたくる。それから、手足を小刻みにぶるぶると震わせる。と、身体中が揺れ動くにつれてやわらかい和毛《にこげ》がだんだんと生え出し、二つの翼まで伸び出してくる。鼻と口が変形してくちばしになり、爪も鉤状になり、ついにミミズクに変身したのである。こうして、鳥に変身した彼女は、空を飛んで恋い焦がれる若者のもとへ飛んでいったというのだ。魔法を解くのはさらに簡単で、ウイキョウと桂の葉を泉の水に浸し、その水を全身に浴びると元の姿に戻るのだという。

しかし、ヨーロッパをキリスト教が支配する中世になると、変身魔法は幻惑魔法の一種であり、悪魔と契約した魔女たちが、悪魔の力を借りて行うのだと信じられるようになった。『黄金のロバ』の話と同じように。変身するには膏薬が必要だとされることが多かったが、中には変身するときに呪文を唱えたという魔女の証言もある。1662年にスコットランドで魔女裁判の被告となった女性イザベル・ガウディは「我兎とならん、／悲しみ、嘆き、憂さ多き兎に／我〈悪魔〉が軍門に下らん、／再び家に戻る時まで」（松田和也訳）と3回以上唱えて兎に変身したと証言している。

変身魔法

- 自分や他人の姿を別なものに変えてしまう黒魔術
- 中世ヨーロッパでは幻惑魔法の一種とされた

古代ローマ時代の変身魔法

小説『黄金のロバ』に、古代ローマ時代の変身魔法が描かれている。

①丸裸になり、全身に特別な軟膏を塗る。

②手足をぶるぶると震わせると少しずつ身体が変形していく。

③完全なミミズクになり空を飛んでいく。

④ウイキョウと桂の葉を浸した泉の水を全身に浴びると元の姿に戻る。

イザベル・ガウディの変身の呪文

1662年にスコットランドで魔女裁判の被告となった女性
イザベル・ガウディは次のような呪文で兎に変身したと証言した。

我兎とならん、
悲しみ、嘆き、憂さ多き兎に。我〈悪魔〉が軍門に下らん、再び家に戻る時まで。

兎、兎、神汝に憂さを送れり。我、今こそ兎が形なれどすぐさま女の形とならん。

魔女　→　兎に変身　→　魔女に戻る

変身の呪文は『悪魔学大全』(松田和也訳)より引用。

No.024

人狼魔法

自分が狼に変身して人を食い殺したり、他人を狼に変身させたりする人狼魔法は、変身魔法の中でも最も恐ろしい黒魔術だが、弱点もあった。

●変身魔法の中でも最も恐ろしい人狼魔法

人狼魔法は、自分自身が狼に変身して人を食い殺したり、他人を狼に変身させたりする、変身魔法の中でも最も恐ろしい黒魔術である。

ここではとくに自分自身が狼に変身する方法を採り上げよう。1世紀のローマの作家ペトロニウスの小説『トリマルキオの饗宴』によれば、その方法は次の通りである。月が真昼のように明るく輝く夜、墓場のそばで服を脱ぎ、脱いだ服を重ねる。それから、その周りに輪になるように放尿する。と見る間に、自分の姿が狼に変身するのである。

ヨーロッパ東部のスラヴ地方にも人狼伝説は多いが、ロシアの説話では、狼への変身は次のように行われる。まず、森の中にある伐り倒された木の幹に小型の銅製のナイフを刺し、その幹の周りを回りながら、呪文を唱える。「海に出て、大海に出て、ブヤーンの島に着き、空地に出れば、月が白《はこ》楊《やなぎ》の木の上に輝き、緑の森に、小暗き谷に、毛むくじゃらの狼が行く、あらゆる角ある家畜はその牙にかかる。しかし、狼は森の中にはいらず、谷に忍びこまない。月よ、月よ、黄金の三日月よ、鉄砲玉を溶かせ、ナイフを切れなくせよ、節くれだった杖を砕け、獣らと人間どもと虫けらどもに恐れをいだかせよ、彼らが灰色の狼を捉えないように、その暖かい毛皮を剥がないように！　わが言葉は堅く、永久の眠りよりも、勇士の言葉よりも堅い！」(『スラヴ吸血鬼伝説考』栗原成郎著より)。それから3度木の幹の上を飛び越えると狼に変身できるのである。

ところで、こうして人間が狼や動物に変身した場合、注意しなければならないことがある。動物になっている間に身体のどこかに怪我をすると、人間の姿に戻ったときにも、同じ場所に怪我をしているのである。そのために、動物に変身したことがばれてしまうことが多いのである。

人狼魔法 ➡ 自分が狼になったり、人を狼に変身させる黒魔術

狼に変身する方法

狼に変身する方法は時代や地域によっていろいろあった。

古代ローマの方法

①月が明るく輝く夜、墓場のそばで服を脱ぎ、脱いだ服を重ね、その周りに輪になるように放尿する。

②すると、すぐに狼に変身する。

スラヴ地方の方法

①森の中の伐り倒された木の幹に小型の銅製のナイフを刺す。

②木の幹の周りを回りながら特別な呪文を唱える。

③3度木の幹の上を飛び越える。

④これで狼に変身できる。

No.025

悪魔学者の人狼魔法

魔女狩り時代の悪魔学者たちは、人が動物に変身することはあり得ないのであり、変身魔法はみな悪魔が引き起こした幻覚だとみなした。

●動物への変身は悪魔の作った幻惑だと考えた悪魔学者たち

変身魔法といえば、実際に人が動物や狼に変身するものと考えるのが普通である。しかし、中世ヨーロッパの悪魔学者たちは、変身魔法は現実のものではなく、特別なメカニズムによって引き起こされる幻覚だと考えた。

変身魔法の中でも最も恐ろしいとされる人狼魔法を例にとろう。人狼魔法では、人が狼の姿となり、夜間に郊外などをうろつき回り、人や動物を襲って食べ、また元の人の姿に戻るといわれている。狼の姿になっているときに身体のどこかに怪我をしたら、人に戻ったあとにも同じ所に同じような怪我をしているという特徴がある。

この現象を悪魔学者たちはこう説明する。悪魔学者たちの考えによれば、変身魔法を行う者たちは悪魔と契約した魔女である。そして魔女たちは、幻覚作用のある特別な軟膏を身体に塗ることで、狼に変身したような気分になる。つまり、魔女は自分が動物に変身したような非常にリアルな夢を見るということだ。ここで、悪魔が登場する。悪魔は魔女が夢の中で出かけた場所で、実際に狼に憑依し、人間や家畜を襲う。その際に狼が怪我をしたら、眠っている魔女の身体にもまったく同じような怪我を負わせる。こうすることで誰の目にも魔女が変身したと思わせるのだ。もっと手の込んだやり方として、悪魔は空気から獣の姿を作り出し、それを魔女の身体にかぶせることで、魔女が狼に変身したように見せることもある。いずれにしても、魔女の変身は何から何まで悪魔の作り出した幻覚なのである。

それにしても、なぜ、こんな複雑な説明が必要なのか？　その理由は簡単である。キリスト教の悪魔学では、人が動物に変身することはあり得ないというのが基本的な立場だからである。なぜなら、悪魔には実体を変える力はなく、それができるのは世界を作った神だけだからである。

悪魔学者の人狼魔法

中世ヨーロッパの悪魔学者は、人から狼への変身は
悪魔が引き起こした幻覚だと主張した。

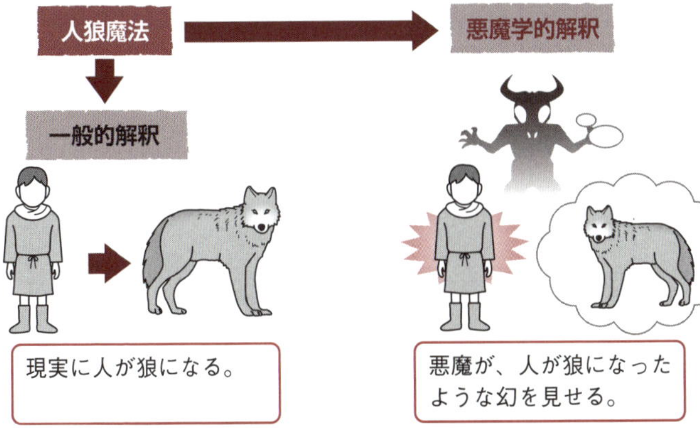
人狼魔法
悪魔学的解釈
一般的解釈
現実に人が狼になる。
悪魔が、人が狼になったような幻を見せる。

魔女の人狼魔法のメカニズム

悪魔学者たちは、本当は悪魔の引き起こした幻覚に過ぎない
魔女の変身が、現実に見えるメカニズムを以下のように説明した。

魔女は身体に膏薬を塗り、幻覚によって狼になって人を襲う夢を見る。
Z Z Z
悪魔が現実の狼に憑依し、魔女が夢見ているのと同じように人を襲う。それを見た人が目撃者になる。
現実の狼が身体に傷を受けたら、悪魔は魔女の身体の同じ部位に同じような傷をつける。

No.026

ヨーロッパの植物性媚薬

ヨーロッパには、ユーカリ、ゲッケイジュ、シクラメン、カノコソウ、コリアンダーなどを使った実に多種多様な植物性媚薬があった。

●ヨーロッパで一般的だった植物性媚薬

ヨーロッパにも異性の愛を勝ち取る魔法は多いが、中でも最も一般的だったのは草や木などの植物性の媚《び》薬《やく》を使う方法である。利用された植物も、ユーカリ、ゲッケイジュ、シクラメン、カノコソウ、ジャスミン、クロッカス、コリアンダー、シダ、パンジー、レタスなど、実に多種多様である。使用法も簡単なものが多く、粉末状にして飲食物に混ぜ、愛を得たい異性に飲食させる。また、目的の異性の部屋に隠したり、相手がよく通る道の下に埋めたり、相手の家の柱に塗り込む方法もあった。

このうち、**コリアンダー**は千夜一夜物語にも登場する有名な媚薬だが、次のような方法で利用したといわれている。

媚薬調合の前に、ランプに火を灯す。火鉢で香を焚き、「愛の悪魔ハボンディアよ、あなたの名において、この魔術を行う」と唱える。それから、心を奪いたい異性を思い浮かべ、相手が自分に愛を抱いてくれるように、過去の思い出に集中する。その内容は、相手が自分に好意を持ってくれるようなよい思い出でなければならない。こうして祈願を済ませてから、媚薬の調合を始める。聖杯に蒸留した水を入れ、乳鉢にコリアンダーの種を7粒入れる。相手のことを強く思い描きながら、種をすりつぶし、相手の名前を3度繰り返す。そして、呪文を唱える。「種をあたため、心をあたためよ。決して離れないように」。聖杯の中に自分の願望を注ぎ込むつもりで、すりつぶした粉を入れる。念を込め、粉末が水に溶けるのをじっと見つめ、「そのようになれ！」と最後の呪文を唱える。右手の人差し指を空中に向けて突出し、聖杯の上で3度十字を切る。そのあとは水溶液を12時間放置し、モスリンのような布でろ過し、相手の飲食物にそっと入れるのである。これを相手が飲めば、その人はもうあなたの虜《とりこ》だというのである。

ヨーロッパの植物性媚薬

植物性媚薬（ヨーロッパ） → 中世ヨーロッパで最も一般的な**愛の魔法**

利用された植物は？

ユーカリ、ゲッケイジュ、シクラメン、カノコソウ、ジャスミン、クロッカス、コリアンダー、シダ、パンジー、レタスなど

媚薬コリアンダーの使い方

千夜一夜物語にも登場する有名な媚薬コリアンダーは以下のようにして使うといわれていた。

①ランプに火を灯し、火鉢で香を焚き、愛の悪魔ハボンディアに祈る。

②異性を思い浮かべ、相手が自分に愛を抱いてくれるように、過去の思い出に集中する。

③聖杯に蒸留した水を入れる。乳鉢にコリアンダーの種を７粒入れる。

④相手のことを強く思い描きながら、種をすりつぶし、相手の名前を３度繰り返す。聖杯の中にすりつぶした粉を入れ、「そのようになれ!」と唱える。

⑤聖杯の上で３度十字を切る。その後は水溶液を12時間放置し、モスリンのような布でろ過し、相手の飲食物にそっと入れて食べさせればよいのである。

用語解説

●**コリアンダー**→地中海東部原産のセリ科の一年草で、古くから食用として用いられてきた植物。

No.027

恐怖の媚薬マンドラゴラ

古くから魔力ある不気味な植物として恐れられていたマンドラゴラは媚薬に使われる材料の中でも最も有名で、別名を「愛のリンゴ」という。

●マンドラゴラにまつわる恐るべき伝承

マンドラゴラ（あるいはマンドレーク）は、媚薬《びやく》に使われる材料の中で最も有名なもので、別名を「愛のリンゴ」という。この植物は、イタリアから小アジアにかけての地中海地方で取れる有毒の薬草で、麻薬のような幻覚作用のある成分を含んでいる。しかも、その根は二股に分かれており、全体の形がまるで人間のように見える不気味なものである。

多分そのせいだろうが、マンドラゴラは古くから魔力ある不気味な植物として恐れられていた。中世ドイツの女性神秘家として有名な**ビンゲンのヒルデガルド**も、「マンドラゴラは人間の形に似ており、だからこそ悪魔の悪行と計略に似つかわしい」といっている。中世ヨーロッパでは、マンドラゴラは死刑台の下に芽を出し、絞首刑になった人の身体から滴り落ちる水分によって成長すると信じられていた。

マンドラゴラは引き抜くと大きな悲鳴のような声を上げ、それを聞いた者は死んでしまうという伝説もある。それで、マンドラゴラを引き抜くときは、次のようにしなければならないといわれた。マンドラゴラがある場所を見つけたら、夜中に出かけていく。耳に蝋《ろう》か綿を詰めて何も聞こえないようにしてから、根の周りの土を崩す。根が見えたら紐を縛りつけ、紐の一方を黒い犬の首に括《くく》りつける。そして、十分に離れた所から、犬の見える所に肉片を投げる。この肉に食いつこうとして、犬は走り出し、マンドラゴラを引き抜くのである。このとき、マンドラゴラは叫び、それを聞いた犬は死んでしまうが、この犬はその場に埋めてやるのがいいという。

マンドラゴラをワインで洗って小箱などに保存しておけば未来のことを教えてくれるし、不妊症の女性を懐妊させてくれるともいわれている。

恐怖の媚薬マンドラゴラ

マンドラゴラ ➡

・ヨーロッパで最も有名な植物性媚薬の材料
・別名「愛のリンゴ」
・有毒の薬草で、麻薬のような幻覚作用がある

根は二股に分かれており、全体の形がまるで人間のように見えるので恐れられた

マンドラゴラの入手法

マンドラゴラは引き抜くと大きな悲鳴を上げ、それを聞いた者は死んでしまう。
そこで、マンドラゴラを引き抜くには以下のようにしなければならない。

①マンドラゴラを見つけたら、夜中に出かけていく。

⬇

②何も聞こえないように耳に蝋か綿を詰めてから、根の周りの土を崩す。

⬇

③根が見えたら紐を縛りつけ、紐の一方を黒い犬の首に括りつける。

⬇

④離れた所から、犬の見える所に肉片を投げると、肉に食いつこうとして犬は走り出し、マンドラゴラを引き抜く。このとき、マンドラゴラは叫び、それを聞いた犬は死んでしまうのでその場に埋めてやる。

用語解説

●**ビンゲンのヒルデガルド**→神秘的な著作で知られ、ドイツの薬草学の祖ともされる、12世紀のドイツの女子修道院長。

No.028

ヨーロッパの動物性媚薬

ヨーロッパの動物性媚薬には、動物の心臓や肝臓を使ったものや、人体から排出された分泌物を使用したものなど、気味悪いものが多かった。

●気味悪いものが多かった動物性媚薬

ヨーロッパで使用された媚《び》薬《やく》には植物性のものだけでなく動物性のものもあった。異性に愛されたいというのは万人の願いなので、そのための魔術もたくさん存在していたのである。

18世紀フランスの魔術書『大アルベールの秘法』には次のような方法が載せられていた。ハトの心臓、雀の肝臓、ツバメの子宮、野兎の腎臓を乾し、自分自身の血液を少量加えてからもう一度乾す。それを好きな相手に飲ませれば相手の愛が手に入る。

ほかにも次のような魔術がたくさんあった。ヒバリの右の目を狼の皮で包んだものはただ持っているだけでも、有力者から愛顧を得られるが、これを酒や食べ物に入れて狙っている女性に食べさせると、その女性から愛されるようになる。また、ミミズと一緒に粉末にしたツルニチソウを食べ物に入れて食べた男女は互いに惹かれあうようになる。

とくに男性を思い通りにしたい女性のための魔術には、女性の身体から排出される分泌物を使用するという少々不愉快なものもあった。

女は熱い風呂に入り、汗が十分に出たところで、身体中を小麦粉で被う。小麦粉が水分を吸い取ったら、亜麻布で身体を拭き取り、小麦粉をパン焼き用の皿に移す。手足の指の爪、頭髪や陰毛を切り取って燃やす。その燃えカスを小麦粉と混ぜる。さらに生卵を1個入れて掻き混ぜ、それをオーブンで焼いてパンを作り、好きな男に食べさせるのである。

女性器そのものを魔術に利用するものも多かった。たとえば、捕まえた小魚を膣の中で窒息させ、それを粉末にして愛する男性に食べさせる。あるいは、黒い雌鶏を言い値で購入し、生きたまま心臓を取り出し、それを膣に挿入したあと男性に食べさせるという方法である。

ヨーロッパの動物性媚薬

動物性媚薬（ヨーロッパ） ➡ 植物性媚薬よりも気味悪いものが多かった

ヨーロッパの動物性媚薬のいろいろな処方

動物性媚薬にはいろいろな種類があったが、
中には女性の分泌物や女性器を利用した不快なものもあった。

ハトの心臓や
雀の肝臓など…

ハトの心臓、雀の肝臓、ツバメの子宮、野兎の腎臓を乾し、自分自身の血液を少量加えてからもう一度乾す。それを好きな相手に飲ませる。

ヒバリの右目
狼の皮

ヒバリの右の目を狼の皮で包んだものを持つと、有力者から愛顧を得られる。

ツルニチソウ
ミミズ

ミミズと一緒に粉末にしたツルニチソウを食べ物に入れて食べた男女は互いに惹かれ合う。

男を手に入れる女性の魔術

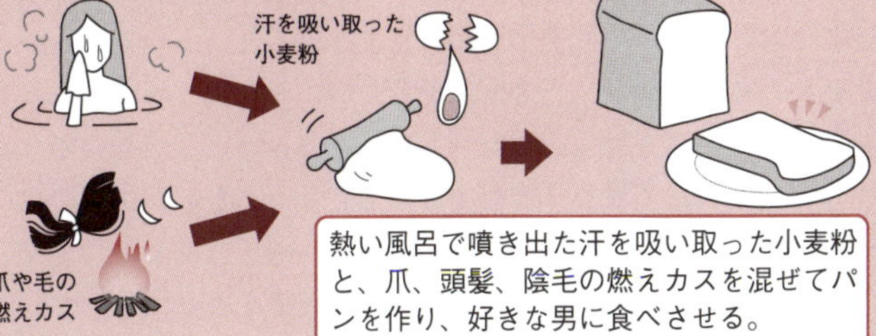
汗を吸い取った
小麦粉
爪や毛の
燃えカス

熱い風呂で噴き出た汗を吸い取った小麦粉と、爪、頭髪、陰毛の燃えカスを混ぜてパンを作り、好きな男に食べさせる。

No.029

愛の蝋人形

同じ蝋人形の魔術であっても、心に念じる内容によって、人を呪い殺すためだけでなく、異性の愛を手に入れるためにも役立てることができた。

●愛の魔法でも絶大な力があった蝋人形

蝋《ろう》人形というとすぐにも人を呪い殺す黒魔術が思い浮かぶ（No.038参照）。しかし、蝋人形の効果は決してそれだけではなかった。異性の愛を手に入れたいときにも蝋人形の魔術は有効だった。

蝋人形を使って愛を手に入れる方法はさまざまだが、そのうちのひとつは次のようなものだった。

とにかく、誘惑したい女性に可能な限りそっくりな蝋人形を作る。顔はもちろん、生殖器まで作る。人形の胸に女性の名前を書く。「○○（女の名）。○○（女の父の名）の娘にして○○（女の母の名）の娘」。全く同じように背中にも書く。名前を書いたら、この魔術の目的をはっきりさせるために次のように唱える。「神よ。あなたの意志により、○○の娘、○○が私に恋い焦がれるようになりますように」。

そのあと、目的の女性がいつもその上を通っている道に穴を掘り、人形が傷つかないように丁寧に埋め24時間放置する。人形を掘り出し、3度洗礼する。洗礼は、最初は大天使ミカエル、次はガブリエル、最後はラファエルの名において行う。人形を自分の尿に浸し、乾かす。終わったら人形は大切に保管し、必要なときに人形の胸を新品の針で突く。すると、そのたびごとに、女性の心に愛情が呼び覚まされるというのである。

忘れてならないのは、自分が何をしたいのかを強く心に念じることである。同じように名を書き込んだ蝋人形を炎に投げ込んだとしても、何を念じたかで結果は全く異なってしまうからである。もし、相手が死ぬことを念じれば、蝋人形が溶けてなくなったとき、相手は死んでしまう。それに対し、相手の心が蝋人形と同じようにとろけますようにと念ずれば、相手は自分に恋心を抱き、メロメロになってしまうのである。

愛の蝋人形

愛の蝋人形 → 蝋人形を使って異性の愛を手に入れる魔術

↓

蝋人形は愛の魔術にも呪いの魔術にも使われた

蝋人形で異性の愛を獲得する方法

愛の蝋人形の魔術は、自分の望みを強く念じながら、
以下のように行えばよいといわれている。

①目的の女性に可能な限りそっくりな蝋人形を作る。

↓

②人形の胸と背中に女性の名前を書く。そして、「神よ。あなたの意志により、○○の娘、○○が私に恋い焦がれるようになりますように」と唱える。

↓

③女性が通る道に人形を埋めて 24 時間放置する。

↓

④人形を掘り出し、大天使ミカエル、ガブリエル、ラファエルの名において、３度洗礼する。

↓

⑤人形を自分の尿に浸したあとで乾し、乾いたら保管する。

↓

⑥必要なときに取り出し、人形の胸を新品の針で突くと、女性の胸に愛情が呼び覚まされる。

No.030

愛の呪文

17～18世紀になると、媚薬よりもはるかに簡単に愛を獲得できる魔法として、愛の呪文を唱える魔法が人々に愛好されるようになった。

●媚薬を調合するよりはるかに簡単な愛の魔法

中世ヨーロッパでは、異性の愛を手に入れる魔法といえば媚薬《びやく》を使うのが一般的だった。しかし、時代が下ると、媚薬の人気はなくなった。媚薬の場合、仮に調合できたとしても、それを目的の相手に、怪しまれずに飲ませるのは非常に困難だったからだ。17～18世紀になると、媚薬よりももっと簡便な愛の魔法が好まれるようになった。

簡単な愛の魔法の代表は、愛の呪文を唱えるものである。

たとえば、男性が女性を口説く場合なら、「あなたの星を占ってあげよう。はたして、あなたは結婚するのだろうか？」などといって近づき、相手と自分がじっと見つめ合うようにするのである。そして、互いが見つめ合ったら、呪文を唱える。「カフェ、カシタ、ノンカフェラ、そして息子よ、彼自身のすべてのもののために語れ」こう唱えるだけで、相手の女性を自分の命令に従わせることができ、思い通りにすることができるのである。

女性の手に触れながら、「ベスタルベルトが女性の内部を誘惑する」と呪文を唱える魔術もあった。これだけで、女性が自分に夢中になってくれるのである。

もし、クマツヅラの汁が手に入るなら、その汁で両手をこすり、目的の男性または女性に触るだけでもよいのである。

魔導書『ソロモン王の鍵』にも、異性を自由にするためのペンタクルという護符がいくつか用意されている。たとえば、金星の第四のペンタクルは、それを用意すれば、あなたが来てほしいと思う人をすぐにも来させることができるという。また、金星の第五ペンタクルは、それを誰かに見せれば、ただそれだけで、その人はあなたに対して非常に激しい恋心を燃え上がらせるとされている。

愛の呪文

愛の呪文 ➡
・異性の愛を獲得する簡便な魔術
・媚薬よりも簡単なので人々に好まれた

簡単すぎる愛の呪文

愛の呪文を使うと、媚薬を使うよりも
はるかに簡単に、女性を思い通りにすることができる。

あなたの星を
占ってあげよう

①女性の気を引く言葉で近づく。

⬇

カフェ、カシタ、ノン
カフェラ、そして息子
よ、彼自身のすべての
もののために語れ

②互いが見つめ合ったら、所定の呪文を唱える。

⬇

これだけで、**女性の愛が獲得できる**という

簡単に愛を獲得できるソロモン王のペンタクル

魔導書『ソロモン王の鍵』にも、簡単に、
異性を自由にすることができるペンタクルという護符が用意されている。

金星の第四ペンタクル

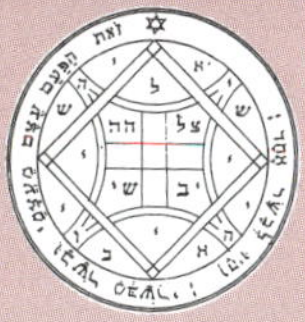

見せるだけで、来てほしいと思う人をすぐにも来させることができる。

金星の第五ペンタクル

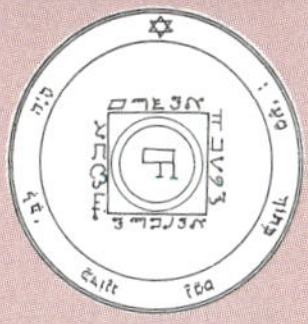

見せるだけで、相手が激しい恋心を燃え上がらせる。

No.031

透明人間になる術―『ソロモン王の鍵』より

透明人間になる魔術の真の目的は、誰にも見られずに泥棒をするとか、女性にわいせつ行為を働くといったまったく不埒なものだった。

●女性にいたずらしようというわいせつ目的の黒魔術

中世や近世のヨーロッパでは、透明人間になる術は非常に人気があり、『ソロモン王の鍵』のようなグリモワール（魔導書）にも紹介されていた。透明人間になりたいとはいかにも無邪気な感じだが、実はそうではない。その真の目的は、誰にも見られずに泥棒をするとか、あるいは、女性にわいせつ行為を働く、といったまったく不埒《ふらち》なものだったのである。つまり、透明人間になる術は黒魔術の一種なのだ。

では、透明人間になるにはどうすればいいか。『ソロモン王の鍵』によれば、それは次の通りである。

まず、1月の土星の日と時間に黄色い蝋《ろう》で、男性の人形を作る。このとき、人形がかぶっている王冠の頭を覆う部分に、針で特別な記号を書く。そのあと、蛙の皮の一片に別な記号と文字を書く。ここで使用する蛙の皮は、あらかじめ自分で殺した蛙から剥いだものである。それから洞窟に行き、真夜中の12時に洞窟の天井から自分自身の髪の毛で蝋人形を吊るす。そして、その下で香を焚き、呪文を唱える。

「メタトロン、メレク、ベロト、ノト、ヴェニベト、マク。我は蝋人形たるそなたに祈る。生きている神の名によって、またこれらの記号と言葉によって。我を透明にしたまえ。アーメン」

最後にまた香を焚き、それが済んだら蝋人形を箱に入れ、地面に埋めて隠すのである。そして、誰にも見られずにどこかに入りたいときになったら、人形を取り出し、上着の左ポケットに入れ、次の言葉を唱える。

「私がどこへ行こうと、決して離れず、私についてきなさい」

すると、術者はすぐに透明人間になれるのだという。そして、自分の欲望を満たしたあとは、蝋人形は箱に戻し、再び地面に埋めて隠すのである。

透明人間になる術 ―『ソロモン王の鍵』より

透明人間の魔術 ➡
- 泥棒やわいせつ目的の黒魔術
- 中世や近世のヨーロッパで大人気

透明人間になってお宝と女を手に入れるぞ！ ひひひ

『ソロモン王の鍵』の透明人間の魔術

『ソロモン王の鍵』によると、透明人間になる方法は以下の通りである。

①1月の土星の日と時間に黄色い蝋で、男性の人形を作る。

王冠の頭を覆う部分に
以下の記号を入れる。

↓

②自分で殺した蛙の皮を剥いで、以下の記号を書く。

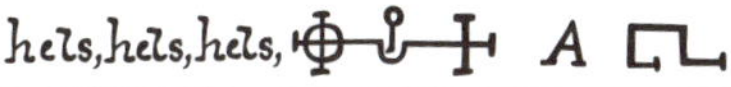

↓

③真夜中の12時に洞窟の天井から自分の毛髪で蝋人形を吊り、特別な呪文を唱える。その後は地面に埋めて隠す。

↓

④必要なとき、人形を取り出し、上着の左ポケットに入れ、「私がどこへ行こうと、決して離れず、私についてきなさい」といえば透明になれる。

No.032

透明人間になる術―『真正奥義書』より

透明人間になる魔術は非常に人気があり、18世紀にローマで出版された魔導書『真正奥義書』にも、死人の頭蓋骨を使う方法が紹介されている。

●黒豆を死霊のパワーで成長させる黒魔術

どう考えても、わいせつ目的か犯罪目的で使うとしか思えない透明人間になる魔術は、18世紀にローマで出版された魔導書**『真正奥義書』**にも書かれている。

この方法は死霊の力を借りるもので、最初に7個の黒い豆と死人の頭蓋骨を用意する必要がある。用意ができたら、水曜日の日の出前から儀式を始める。

まず、用意した頭蓋骨の口、両目の部分、二つの鼻の穴、左右の耳の部分にそれぞれ1個ずつ黒豆を置く。指定された図形を頭蓋骨の頭の部分に描き、顔が上を向くようにして地面に埋める。そのあと、毎日、夜明け前にその場所に来て上等のブランデーと水を注ぐ。

すると8日目に霊が出現し、「ここで何をしているか？」と質問してくる。これに対しては「私は私の植物に水をやっているのだ」と応える。霊はブランデーボトルに手を伸ばし、「それを寄こせ。自分で水をやるから」という。この要求は拒まなければならない。霊はさらに要求してくるが何度でも拒まなければならない。そうすると霊は自分の手で頭蓋骨を取り外し、頭の部分に描かれた図形を示す。これを見て、それが地面に埋めた頭蓋骨の霊だと確認できたら、ブランデーボトルを霊に手渡すのである。この確認作業を怠ると、別な霊にだまされてすべてが無駄になってしまうことがあるから、注意が必要である。さて、ブランデーを渡すと霊はそれを自分自身の頭にかけるので、それを見届けたら帰宅する。翌日、つまり儀式を始めて9日目、同じ場所に出かけると豆の木が実っている。その豆を収穫し、1粒口に含めば、その豆を口に含んでいる間は身体が透明になり、誰の目にも見えなくなるのである。

透明人間になる術―『真正奥義書』より

『真正奥義書』の透明人間の術 ➡ 死霊の力を借りる黒魔術

↳ 『真正奥義書』 ➡ 18世紀にローマで出版された魔導書

『真正奥義書』にある透明人間の術の方法

『真正奥義書』によれば、透明人間になるには以下のようにすればよい。

①7個の黒い豆と死人の頭蓋骨を用意する。

⬇

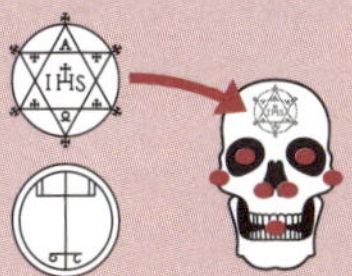

②頭蓋骨の口、両目の部分、二つの鼻の孔、左右の耳の部分に1個ずつ黒豆を置く。指定された図形を頭蓋骨の頭の部分に描き、顔が上を向くようにして地面に埋める。

⬇

③毎日、夜明け前にその場所に来て上等のブランデーと水を注ぐ。

⬇

④ 8日目に霊が出現したら、頭の図形を確認後、ブランデーを手渡す。霊がそれを自分の頭にかけるのを確認し、帰宅する。

⬇

⑤9日目、同じ場所に出かけると豆の木が実っている。その豆を収穫し、1粒口に含めば、その豆を口に含んでいる間は身体が透明になる。

用語解説

●**『真正奥義書』**→ソロモン王系の魔導書で、地獄の悪魔を操るための黒魔術の書といわれる。

No.033

牛乳魔法

他人の財産を盗み取る窃盗魔法の中でも、最もポピュラーだったのが牛乳魔法であり、黒魔術を使う魔女たちが働く悪行のひとつとされていた。

●他人の牛のミルクを盗み取る牛乳魔法

牛乳魔法は他人の物を盗み取る窃盗《せっとう》魔法のひとつである。

ヨーロッパでは非常に古くから、魔法使いと窃盗魔法は深い関係にあると考えられていた。中世のヨーロッパでは、魔法使いも悪魔も、無から何かを作り出すことはできず、他人の物を盗むことで豊かになると考えられた。魔女狩りが盛んになった時代には、窃盗魔法は魔女が行う悪行のひとつとされていた。また、中世ヨーロッパの農耕社会で暮らす人々は、この世の富には一定の限界があると考えていた。そのような場所では、もし誰かが豊かになったとすれば、その分誰かが貧しくなるのである。言い方を変えれば、誰かが豊かになるのは、どこかから盗んできたからなのである。こんなわけで、中世ヨーロッパの農耕社会では、人よりも豊かになった者は、しばしば魔法使いだという疑惑を招いたのである。

このような窃盗魔法の中でも、民衆の世界で最もポピュラーだったのが牛乳魔法だった。人々は自分の飼っている牛が病気で死んだり、乳を出さなくなったりした場合、村の誰かが牛乳魔法を使い、彼らの牛から乳を盗んだと考えたのである。

一般に、牛乳魔法には次の儀式が必要だと考えられていた。まず、家の隅に腰掛け、両膝の間にバケツを挟む。ナイフや斧を壁や柱に突き立てる。そして、使い魔を呼び出し、ある特定の家の牛の乳がほしいと念じながら、牛の乳を搾るようにその柄の部分を搾る。すると、本当に牛の乳を搾っているように、柄の部分からバケツの中に牛の乳が流れ出すのである。

しかし、牛乳魔法にはその犯人を暴くための対抗魔法もあった。新しい鍋に牛乳を入れ、煮沸させながら犯人は誰かと呪文を唱えるのである。このとき、最初に現れた者が牛乳魔法を使った犯人だとされたのである。

牛乳魔法 ➡ 他人の財産を盗む窃盗魔法のひとつ

農耕社会と窃盗魔法

中世ヨーロッパの農民たちは、この世の富は一定で、誰かが豊かになるのは、魔法を使って、どこかから盗んできたからだと考えた。

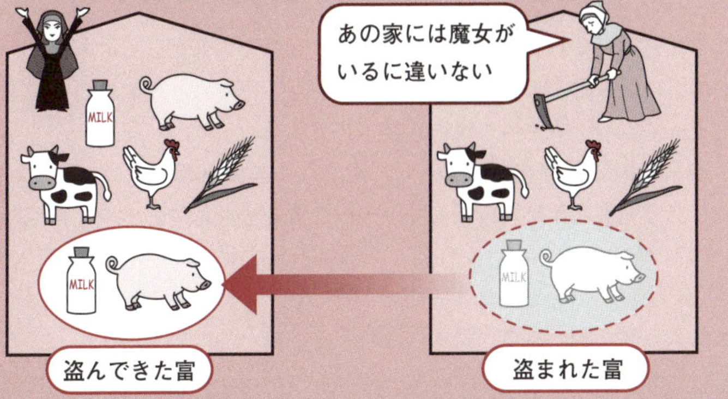
あの家には魔女がいるに違いない
MILK
MILK
MILK
盗んできた富
盗まれた富

牛乳魔法のやり方

牛乳魔法は以下のような方法で行えると考えられていた。

②ナイフや斧を柱に突き刺す。
④牛の乳を搾るように柄の部分を搾る。
MILK
③ある特定の家の牛の乳がほしいと念じる。
①両膝の間にバケツを用意する。
こうすると、柄の部分から牛の乳が流れ出すという。

No.034

バターの窃盗魔法

ヨーロッパの農民にとっては牛乳と同じくバターもまた重要な生産物であり、バターの窃盗魔法も邪悪な黒魔術とみなされていた。

●ヨーロッパ人の生活必需品を盗む黒魔術

牛乳と同様にバターもまたヨーロッパ人の食生活にとって不可欠のものであり、農家にとって重要な生産物だった。だから、牛乳を盗む魔術と同じように、バターを盗む魔術も存在していた。

15世紀の魔女狩りの教本として有名な**『魔女への鉄槌』**に、悪魔と契約した男の魔女が魔法を使ってバターを盗む場面についての記述がある。

5月のある日、ある男が仲間と一緒に草原を歩いていたときのことだという。小川の近くまで来たとき、「みんな、うまいバターが食べたいだろう？」と魔女がいった。魔女は服を脱ぎ、牧草地の小川の中に入っていくと、上流側に背中を向けて流れの中にしゃがみこんだ。同時に、何か言葉を発し、腕を動かして、水を背中の方に掻いた。と間もなく、魔女は水の中から大量のバターを持って出てきたのである。そこにいた者たちはみなそれを食べたが、それはとにかくいいバターだったという。

もちろん、この場面だけを見ると、魔女は水の中からバターを取り出したので、どこかから盗んできたようには見えない。しかし、そうではないというのが当時の悪魔学者の解釈だった。物質を別な物質に変化させるような高級な技は、神だけにしかできないからだ。悪魔にできることは、バターを別な場所から持ってくることだけなのである。つまり、誰かがバターを盗まれたということだ。あるいは、悪魔は牛から生乳を盗み取り、それを掻き混ぜてバターを作ったのである。

同じようなことは、ワインでもあったと『魔女への鉄槌』に書かれている。魔法使いは、ワインが必要になったとき、空の容器を持って闇夜に出ていくだけでいいのである。それを持ち帰るとなぜか容器はワインでいっぱいになっているのである。

バターの窃盗魔法

バターの窃盗魔法 → 農家からバターを盗み出す黒魔術

バターの盗み方

魔法使い（魔女）は下のような簡単な方法でバターを盗んだという。

①服を脱ぎ、小川の中に入り、上流側に背を向けてしゃがむ。

②呪文を唱えて、腕を動かし、水を背中の方に掻く。

③水から出たときには、大量のおいしいバターを持っている。

④一見すると、魔法使いが水からバターを作ったようだが、そうではない。バターはどこかの農家から盗まれたのである。

ワインの窃盗魔法

魔法使い（魔女）は下のような簡単な方法でワインも盗んだという。

必要なとき、空の容器を持って闇夜に出ていく。すると、帰ってきたときには容器がワインでいっぱいになっている。

用語解説

●『**魔女への鉄槌**』→1486年に出版され、その後200年間、聖書に次ぐ大ベストセラーとなった悪魔学の書で、魔女狩りのための教科書として利用された。

No.035

マンドラゴラの窃盗魔法

フランスの南部地方では、マンドラゴラを所有する魔女は他人の家の富をどんどん奪い取り、自分の家を豊かにすると考えられていた。

●他人の富を奪って豊かになるマンドラゴラの邪悪な魔力

普通、マンドラゴラといえば、その根が二股に分かれており、まるで人のような形に見える奇怪な植物のことである。ヨーロッパの伝説では、この植物を地面から抜こうとすると奇怪な悲鳴を上げ、それを聞いたものは発狂して死んでしまうと信じられていた。

しかし、マンドラゴラは必ずしも植物というわけではなく、場合によっては鼠、狐、リス、雌山羊といった小動物であることもあった。

大事なことは、植物であれ、小動物であれ、マンドラゴラにはいろいろな魔術的効果があったということだ。フランスの南部地方でよく見られた、マンドラゴラの窃盗魔法もそのひとつである。

窃盗魔法とは牛乳魔法（No.033参照）と同じく、他人の家の富を奪い取って、自分の家を豊かにする魔法である。だが、マンドラゴラの場合は、その効果は牛や山羊のミルクだけでなく、あらゆる富に及んだ。

この種のマンドラゴラは幸運によって手に入ることもあるが、多くの場合は魔女たちが何らかの方法で手に入れると信じられていた。そして、マンドラゴラを手に入れると、その家はどんどんと豊かになった。田畑など耕さなくても素晴らしい収穫が得られた。また、まったく世話をしなくても、家畜たちはたくさんの子を産み、大量のミルクを出したのである。そのかわり、同じ村の別の家では、わけもなく収穫が減ったり、家畜が病気になったり、死んだりして、たくさんの富を失うことになった。

それで、村の中で、ある家だけが豊かになったりすると、その家の者はマンドラゴラを隠し持ち、他人の財産を破壊し、自分たちの富だけ増やしていると村人たちは語り合った。そして、その結果として魔女として告発されることもしばしばだったのである。

マンドラゴラの窃盗魔法

マンドラゴラの窃盗魔法 ➡ 他者からいろいろな富を盗み取る

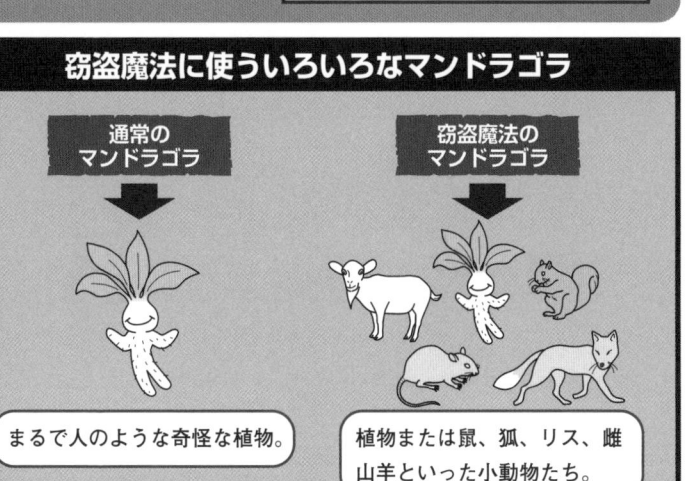

窃盗魔法に使ういろいろなマンドラゴラ

通常のマンドラゴラ	窃盗魔法のマンドラゴラ
まるで人のような奇怪な植物。	植物または鼠、狐、リス、雌山羊といった小動物たち。

マンドラゴラによる窃盗魔法のメカニズム

マンドラゴラを手に入れた魔女の家は何もしなくてもどんどん豊かになったが、同じ村の別の家は富を奪われ、どんどん貧しくなるという。

マンドラゴラのいる家 ／ **富を奪われた別な家**

どんどん豊かになる。
あらゆる富
どんどん貧乏になる。

No.036

不妊魔法

不妊魔法は古くからある一般的黒魔術で、男性の場合はインポテンツや射精不能を引き起こし、女性の場合は膣を閉じた状態にしてしまうという。

●結び目や錠前で人の生殖能力を奪う

不妊魔法は人の生殖能力を奪い、男女の関係を結べなくしてしまう黒魔術である。標的が男性の場合はインポテンツや射精不能を引き起こし、女性の場合は膣を閉じた状態にしてしまうなどの効果がある。魔女狩り時代のヨーロッパでは、不妊魔法も魔女の悪行のひとつだと考えられた。しかし、事実は魔女狩り時代より古くからある一般的な黒魔術だった。

やり方は簡単だった。リボン、糸、革紐などで結び目を作り、それを標的の男性のベッドの中とか、枕の中、敷居の下などに隠してしまうのである。これだけで呪われた相手は正常な男女の関係が結べなくなってしまうのである。**悪魔学者ボダン**の調査では、性交不能にする、生殖不能にする、対象本人だけを呪う、本人と配偶者を呪うなど、その目的によって、結び目の作り方には50以上の手法があったという。隠されていたリボンなどを見つけ出し、結び目をほどいたときに呪いは解けるのである。

錠前を使う方法もあった。錠前を閉じ、錠前と鍵を別々にどこかに隠してしまうのである。もちろん、錠前と鍵を見つけ出し、錠前を開ければ呪いは解けるのである。

不妊魔法をかけられた人は身体のどこかに腫物《はれもの》ができるが、これは本来なら生まれてくるはずだった子供を表しているといわれた。

中世ヨーロッパでは離婚は原則的に禁止されていたが、魔術によって性的不能になった男性は妻と離婚することができた。それで、中世ヨーロッパでは不妊魔法がしばしば不愉快な結婚を解消するための口実として使われた。つまり、新しい愛人ができて妻にうんざりした男性や、なかなか後継者が生まれない王や貴族などが、不妊魔法にかけられたせいで正常な男女関係が結べないと主張したのである。

不妊魔法

不妊魔法 ➡
- 魔術の力で目的の男女を性的不能にする
- 古くから存在する一般的黒魔術のひとつ

性的不能を起こす一般的方法

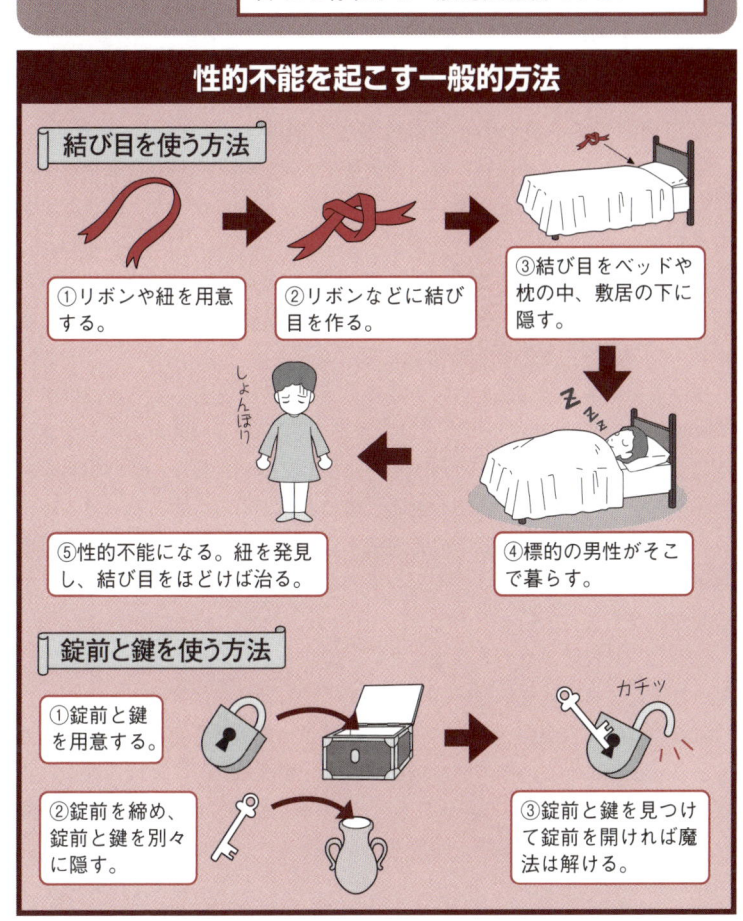

結び目を使う方法

①リボンや紐を用意する。

②リボンなどに結び目を作る。

③結び目をベッドや枕の中、敷居の下に隠す。

④標的の男性がそこで暮らす。

⑤性的不能になる。紐を発見し、結び目をほどけば治る。

錠前と鍵を使う方法

①錠前と鍵を用意する。

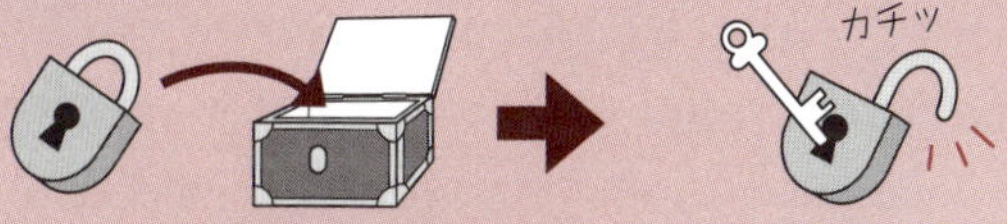

②錠前を締め、錠前と鍵を別々に隠す。

③錠前と鍵を見つけて錠前を開ければ魔法は解ける。

用語解説

●**悪魔学者ボダン→**ジャン・ボダン。16世紀後半に活躍したフランスが誇る人文学者だが、1580年に有名な魔女学書『魔女の悪魔狂』を刊行し、評判を落とした。

No.037

魔女のはしご

魔女のはしごは、1本の紐を用意し、いくつかの結び目を作るだけで、牛の乳の出を悪くしたり、憎い相手を殺したりできる黒魔術である。

●憎い相手の首を絞める不吉な結び目の魔術

「魔女のはしご」は結び目の魔術の一種で、ヨーロッパの魔女たちが牛の乳の出を悪くしたいときや憎い相手を殺したいときに使ったとされる黒魔術である。

やり方は簡単である。まず、1本の紐を用意し、いくつかの結び目を作る。結び目の数は基本的に9個または13個だが、流儀はまちまちで、中には40個の結び目を作るという方法もある。

結び目を結ぶときには、自分の願望をはっきりと念じるように口に出して唱える。「○○が死にますように」とか、「○○の牛の乳が出なくなるように」という具合である。それから、結び目を作った紐を、憎い相手の家の前やベッドの下、牛舎の中や近所に埋めるのである。すると、紐の結び目が締まるように、憎い相手の首が徐々に絞めつけられ、ついには死んでしまうのである。あるいは、牛舎の中の牛たちの乳首が締めつけられ、牛の乳が出なくなってしまうのだ。

しかし、対抗策がないわけではない。魔法をかけられたらすぐにも紐を見つけ出し、結び目をほどけばいい。そうすれば魔法は解けるのである。

「魔女のはしご」を作るときに、紐の結び目に鶏の羽を結びつけるやり方もある。このように、鶏の羽を結びつけた「魔女のはしご」は「魔女の花輪」と呼ばれることがある。作り方は、鶏の羽を結びつけること以外は「魔女のはしご」と全く同じで、効果も同じである。

1887年には、イングランドのサマセット州ウェリントンで、魔女が住んでいたという噂の家が取り壊されたとき、その屋根裏部屋から「魔女の花輪」が発見されたことがある。屋根裏部屋には魔女が空を飛ぶのに使ったとみられる4本の箒《ほうき》やアームチェアも発見されたという。

魔女のはしご

魔女のはしご ➡
- ・結び目の魔術の一種
- ・牛の乳の出を悪くする黒魔術
- ・憎い相手を殺す黒魔術

魔女のはしごの作り方と使い方

憎い相手を殺すという、魔女のはしごの
作り方と使い方は以下の通りである。

①紐を用意し、結び目を作る。結び目を結ぶとき、「○○が死にますように」と、自分の願望をはっきりと念じるように口に出して唱える。結び目の数は9個または13個が基本。

⬇

②憎い相手の家の前などに、結び目を作った紐を埋める。

⬇

すると、紐の結び目が締まるように、憎い相手の首が徐々に絞めつけられ、ついには死んでしまう。

結び目に羽をつけた「魔女の花輪」

「魔女のはしご」の結び目に鳥の羽をつけたものは
「**魔女の花輪**」と呼ばれるが、作り方と使い方は全く同じである。

No.038

呪殺の蝋人形

人に呪いをかける場合に、ヨーロッパで最も一般的に用いられたのが蝋人形で、権力闘争に明け暮れる王や貴族たちが狙われることが多かった。

●呪殺目的で最も一般的だった蝋人形の魔術

ヨーロッパで、人に呪いをかける場合に、最も一般的に用いられたのが蝋《ろう》人形である。とくに、中世からルネサンスの時代には、権力闘争に明け暮れる王や貴族たちがしばしば蝋人形の呪いの標的となった。ヨーロッパでは蝋人形のほかに、粘土人形もよく用いられたが、考え方は同じである。まず、呪いたい相手にできるだけ似せた像を作る。像は相手に似ているほどよく、相手の名前を書いた紙を埋め込んだり、相手の毛髪や爪などを練り込んだりすると呪いの効果は大きくなる。どこか特定の場所に病気を起こさせたいときには人形のその部分に刺《とげ》、針、釘などを突き刺す。あるいは特定の部分を切り取って焼いてしまう。心臓に針を突き刺したり、像全体を焼いて蝋人形を溶かしたりすれば、相手は死んでしまう。相手を苦しみ続けさせたいときには、痛めつけた像をどこかに埋めて隠してしまえばよい。そうすると、像が発見されるまで相手は苦しみ続けるのである。16世紀には、その効果は2年くらい持続すると考えられていた。

蝋人形でなく、粘土人形の場合、新しい墓から採った土、焼いて灰になった男女の骨、黒蜘蛛を混ぜて水でこねて作るというように、いかにも不気味な材料で作ることが多かった。

フレッド・ゲティングズの『オカルトの事典』によれば、ある魔導書には、蝋人形は適切な日と時間に作り、蛙やヒキガエルから採った皮の上に魔術的な印を描き、内部に特別な呪文をおさめ、夜中に洞窟の中に自分の髪の毛でぶら下げなければならないなどと書かれていたという。

何にしても、蝋人形を魔術に使う場合には、何をしたいのかを声に出したり、心に強く念じる必要がある。なぜなら、同じ蝋人形でも、相手を殺すためにも使えれば、相手の愛を勝ち取るためにも使えるからである。

呪殺の蝋人形

蝋人形 →
・ヨーロッパで最も一般的な呪殺の道具
・王や貴族たちがしばしば標的になった

→ 泥人形を用いることも多かった

呪殺の蝋人形の作り方と使い方

蝋人形を使って人を呪う方法は以下の通りである。

①呪いたい相手に似せて蝋人形を作る。このとき、相手の毛髪や爪などを練り込むと効果が倍増する。

↓

②相手を殺したいなら、それを強く念じながら、人形の心臓に釘を打つか、すべてを燃やしてしまう。

↓

③相手を苦しみ続けさせたいときには、痛めつけた像を埋めて隠す。これで像が発見されるまで相手は苦しみ続ける。

泥人形の材料

呪いの泥人形はいかにも不気味そうな材料で作らなければならなかった。

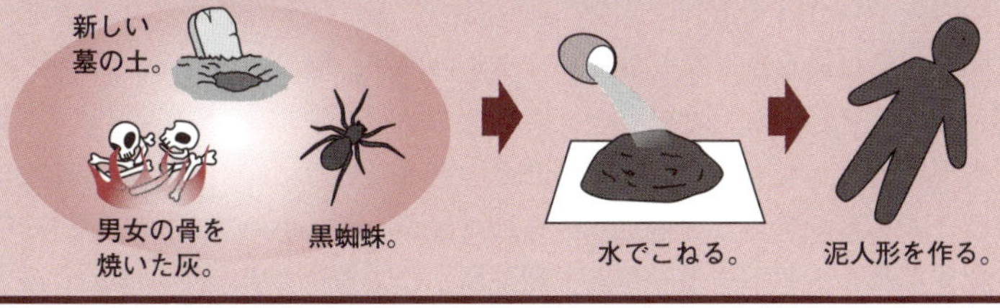
新しい墓の土。
男女の骨を焼いた灰。
黒蜘蛛。
水でこねる。
泥人形を作る。

No.039

天候魔法

自由自在に天候を操り、雹嵐や豪雨を引き起こす天候魔法は、農業中心の生活に大きな危機をもたらし、激しい社会不安を引き起こした。

●悪天候によって社会不安を引き起こす黒魔術

天候魔法は自由自在に天候を操り、暴風を吹かせたり、豪雨を降らせたり、雹嵐を起こしたりして人々を困らせる黒魔術である。天候不順は農業中心の生活に大きな危機をもたらし、激しい社会不安を引き起こした。そのため、中世ヨーロッパでは、天候魔法を使った魔女だという罪を着せられ、多くの人々が処刑されたのである。

天候魔法の方法はさまざまだった。ドイツのライン地方の村で火刑に処された魔女の場合、それは次のようなものだった。彼女は嫌われ者だったが、あるとき、村人の結婚式で、みなが浮かれ騒いでいるのに自分だけ孤独なのに腹を立てた。彼女は、悪魔を呼び出し、村を見下ろす丘の上まで空中を運んでもらった。そこで彼女は穴を掘り、自分の尿を注いで指で掻き回した。悪魔がその尿を持ち上げて激しい雹の大嵐に変え、村を直撃させた。そうやって彼女は浮かれ騒ぐ村人たちの楽しみを奪い去ったのだ。

1590～92年の「**ノース・ベリックの魔女裁判**」では、さらに恐ろしげな天候魔法が問題となった。1589年、イングランド国王ジェイムズ1世がデンマークのアン女王と婚約したが、女王がイングランドへ渡航しようとすると何度も嵐に邪魔された。これが魔女の仕業として裁判になったのだが、拷問を受けた魔女の自白によれば、このとき魔女たちは100人規模の集会を行ったという。そして、1匹の猫に洗礼を施し、その猫の身体の各部分に死んだ男の最も重要な部分といくつかの肉片を結びつけ、それを海に投げ込んで嵐を起こしたというのである。

当時の魔女裁判の記録にはほかにも、火打石を西に向かって左の肩越しに投げる、箒を濡らして振る、去勢した雄豚の剛毛をゆでる、乾いた河原に杖を並べる、というような悪天候を起こす魔術的方法が記載されている。

天候魔法 → 暴風・豪雨・雹嵐などを引き起こす黒魔術

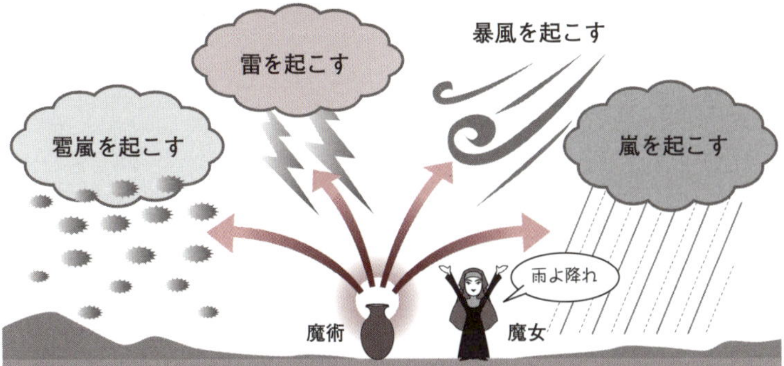
雷を起こす
暴風を起こす
雹嵐を起こす
嵐を起こす
雨よ降れ
魔術
魔女

中世ヨーロッパでは天候魔法で人々を困らせる者は魔女だと考えられた。

悪魔の助力で起こされた雹嵐

ドイツのライン地方の魔女は以下のようにして雹嵐を起こしたという。

魔女
悪魔
ギャ～

①悪魔を召喚し、村を見下ろす丘の上に運んでもらう。

↓

②穴を掘り、自分の尿を注いで指で掻き回す。

↓

③悪魔がその尿を空に持ち上げ、激しい雹嵐を降らせて、村を直撃する。

↓

村人の楽しみだった結婚式のパーティーを台無しにする。

用語解説

●**ノース・ベリックの魔女裁判**→スコットランドの魔女裁判史上、最も残酷な拷問が行われたことで有名な魔女裁判。

No.040

操風魔法

暴風を吹かせたり、風を止めたりする操風魔法は、陸地で暮らす農民たちはもちろん、海で暮らす船乗りたちにも古くから恐れられていた。

●船乗りたちの生死を左右した風の黒魔術

操風魔法は天候魔法の一種で、暴風を吹かせたり、風を止めたりする黒魔術である。操風魔法は陸地で暮らす農民たちはもちろん、海で暮らす船乗りたちに古くから恐れられていた。船乗りにとっては暴風も恐ろしいが、風がないのも困りものだからである。船が来ないために、地上の人間が困り果てることもある。たとえば、**コンスタンティヌス帝**時代のコンスタンティノープルで、ソパテルという者が魔法を使って風を止めたという罪で死刑に処されたことがあった。エジプトとシリアから来るはずの穀物船が海上で足止めされ、飢餓に瀕した民衆が、魔法使いが風をなくしたか、逆風を吹かせたためだと騒ぎ出したからである。

風を操る方法として有名なのは、結び目を用いるものである。これはフィンランドの魔法使いなどが用いた方法だが、風車の羽にぶら下げた紐に三つの結び目を作り、そこに風を閉じ込めるのである。第一の結び目には適度な風を閉じ込めておく。第二の結び目は強風である。第三の結び目には暴風を閉じ込めておき、これをほどくと嵐が巻き起こるのである。このため、フィンランドの船乗りたちは風がなくて困ったときは、魔法使いの所に行って必要な風を買い求める習慣があったという。

操風魔法は、船と船が海上で戦う戦争では大いに役立つと想像できる。それで、1653年、スウェーデン国王は自国の船隊に4人の魔女を編入し、デンマークとの戦いに臨んだという。

フィンランドの魔法使いが操る風は、船乗りを困らせるだけでなく、エストニアの農民たちにとっても脅威をもたらした。エストニアの農民たちは、フィンランドの魔法使いが送る風によってマラリアやリウマチなどの症状が起こると信じていたのである。

操風魔法

操風魔法 → 暴風を吹かせたり、風を止めたりする黒魔術

↓

田畑は破壊され、船も動かず、船乗り、商人、農民、市民に大ダメージ

フィンランドの操風魔法

フィンランドの魔法使いの操風魔法は
結び目を用いたもので、下のようなものだった。

①風車の羽にぶら下げた紐に三つの結び目を作り、そこに風を閉じ込める。

↓

②第一の結び目は適度な風、第二は強風、第三は暴風を閉じ込めておき、これをほどくと嵐が起こる。

フィンランドの船乗りたちは風がなくて困ると、魔法使いの所に行って必要な風を買い求める習慣があった。

海戦でも役立つ操風魔法

操風魔法は海戦でも役立つと考えられたので、1653年、スウェーデン国王は自国の船隊に4人の魔女を編入し、デンマークとの戦いに臨んだ。

用語解説

●**コンスタンティヌス帝**→ローマ帝国の皇帝（在位306～337年）。東西に分裂していたローマ帝国を再統一し、首都をコンスタンティノープル（ヴィザンティオン）に移した。

No.041

悪魔憑き

悪魔と契約して魔女となった者は、魔王サタンに依頼して狙った相手にさまざまな悪魔を送り込み、悪魔憑きを起こすことができた。

●魔女がサタンに依頼して引き起こす悪魔憑き

悪魔《あくま》憑《つ》きとは、悪魔が人や物、場所などに憑依《ひょうい》する現象である。それは、悪魔の存在を信じている世界では少しも珍しいものではなく、原因不明の病気、狂気、混乱、不幸があった場合、しばしば悪魔のせいだとされるのである。しかし、通常の悪魔憑きは、悪魔が自分の意志で人に取り憑いて引き起こすものなので、黒魔術ではない。黒魔術としての悪魔憑きは、ヨーロッパでは16～17世紀ころの魔女狩り時代に多発した。その時代には、男であれ女であれ、悪魔と契約して魔女となった者は、魔王サタンに依頼して狙った相手にさまざまな悪魔を送り込み、悪魔憑きを起こすことができると信じられていた。つまり、悪魔と契約した魔女であれば、悪魔憑きを起こす黒魔術が可能になったのである。

魔女たちが狙った相手に悪魔を送り込むときには、何か形あるものを憑《より》代《しろ》として使うと信じられていた。その憑代としてよく用いられたのは食べ物であり、とくにリンゴだった。17世紀、悪魔学者の**アンリ・ボゲ**は悪魔を送り込むのに最適の食べ物はリンゴだと主張した。リンゴは悪魔が隠れやすく、しかも相手に気付かれることがないからだという。これはエデンの園でアダムとエバを誘惑した方法と同じなので、悪魔にはふさわしいものと考えられたのである。同じ時代、フランスの**ルーダン**の町で起きた悪魔憑き事件では、町の主任司祭であるグランディエ神父が女子修道院の壁の中に投げ込んだバラの花束に悪魔が隠れていたといわれている。

こうして悪魔に取り憑かれた人々はどうなるのか？　当時の悪魔学者たちは悪魔憑きの症状として、わいせつなことや冒涜《ぼうとく》的なことをいう、わいせつな露出を行う、釘や石など異常なものを口から吐き出す、聖遺物や秘蹟を恐れる、動物のような声や動きをするといったことを挙げている。

悪魔憑き

悪魔憑き → 悪魔が人・物・場所などに憑依する現象

↓

悪魔と契約した魔女は、悪魔に依頼し、悪魔憑きを起こすことができた

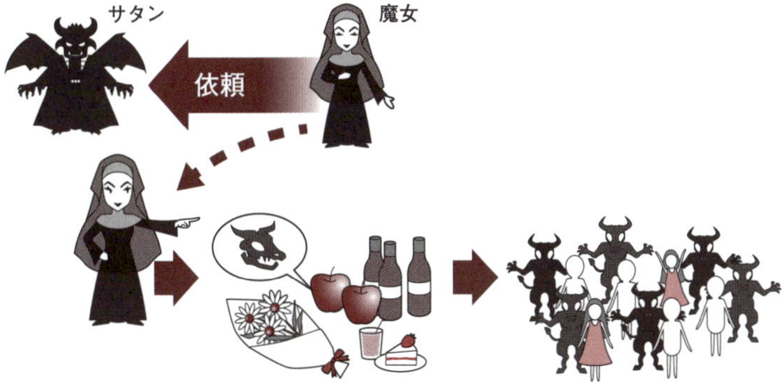

ワイン、花束などに悪魔を潜ませ、相手に送りつける。最適なのはリンゴ。

贈り物から悪魔が現われ、人に取り憑く。

悪魔学者が考えた悪魔憑きの症状

- 悪魔に取り憑かれていると考える。
- 不品行な生活を送る。
- 絶えず病気であり、こん睡する。
- 霊に悩まされる。
- わいせつなことや冒涜的なことをいう。
- わいせつな露出を行う。
- 釘や留め金・鉄・石など異常なものを口から吐き出す。
- 聖遺物や秘蹟を恐れる。
- 奇怪で恐ろしい外貌を示す。
- 動物のような声や動きをする。
- 凶暴で暴力的になる。
- 生きることに飽き飽きしている。
- 発作のあとは記憶をなくす。

用語解説

●**アンリ・ボゲ→**17世紀に活躍したフランスの悪魔学者で、魔女学の書『魔女論』が有名。

●**ルーダン→**17世紀前半に、最も有名な悪魔憑き事件が起こった町。大勢の修道女が悪魔に憑依され、グランディエ神父が犯人として処刑された。

No.042

使い魔の黒魔術

悪魔と契約した魔女たちはそれと引き替えに小さなペットのような使い魔を与えられ、黒魔術を使うとき、自分の手先として利用した。

●ペットのような使い魔を派遣して悪事を働く

中世から近世にかけてのヨーロッパでは、悪魔と契約した魔女たちは、契約と引き替えに悪魔から階級の低い小悪魔を与えられると信じられていた。これが使い魔であり、「インプ」と呼ばれることもあった。

魔女は、使い魔を手先として使い、人や動物に魔法をかけて殺したりしたが、その見返りとして、自分の血を使い魔に与えたという。したがって、使い魔を飼うこと自体が黒魔術だったのである。

使い魔が魔女の血を吸う部位は「魔女の印」と呼ばれた。誰でも、身体のどこかに、ホクロやイボのような突起物があるものだが、それが「魔女の印」であり、小さな乳首の役を果たすと考えられたのだ。そして、「魔女の印」の存在が、その者が魔女であることの証拠とされた。

使い魔は、犬、猫、山羊、牡牛、ヒキガエル、フクロウ、鼠など、とにかくその辺にいる動物の姿をしていることが多かった。ただ、動物の姿をしていても、使い魔は動物の姿をした悪魔とは別なものだった。

魔女は必ず使い魔を飼っているというのが定説だったので、魔女裁判では使い魔がいるかどうかが重要な判定基準になった。もし、魔女と疑われた人が犬や猫を飼っていれば、それが使い魔だとされた。犬や猫を飼っていない場合は、近づいてきたハエやゴキブリも使い魔だと認定された。

使い魔は魔女にとって本当にペットのようなものだったようで、魔女裁判の記録には魔女が複数の使い魔に名前をつけて飼っていたという話がたくさんある。17世紀に魔女狩りの犠牲となったエリザベス・クラークの場合は、子猫のホルト、太ったスパニエル犬のジャーマラ、グレイハウンド犬のヴィネガー・トム、黒兎のサック・アンド・シュガー、イタチのニューズを飼っていたと記録されている。

使い魔の黒魔術

使い魔 → 魔女が悪魔と契約したのと引き替えに与えられる小動物

↓

黒魔術を使うときに手先として利用した

→ 魔女の命令であちこちに出かけていき、いろいろな悪行を働く。

・魔女はペットのように使い魔の世話をする。
・使い魔が命令を実行したら、褒美に自分の血を与える。

魔女が大事にした使い魔の種類

使い魔はその辺にいる動物の姿をしていることが多かった。

私のかわいい使い魔たちよ

魔女狩り人マシュー・ホプキンズが書いた『魔女の発見』(1647年)の扉にあるイラスト。彼が断罪した魔女エリザベス・クラークが飼っていた使い魔たちが描かれている。

No.043

魔女の軟膏

悪魔と契約した魔女たちは、油を主成分とした軟膏を使い、空を飛んだり、動物に変身したり、人殺しをしたりすることができた。

●飛行や変身を可能にした魔女の軟膏

中世ヨーロッパでは、悪魔と契約した魔女たちは、油を主成分とした軟《なん》膏《こう》を使い、黒魔術を行うと信じられていた。この軟膏を使って、魔女たちは空を飛んだり、動物に変身したり、人殺しをしたりするのである。

軟膏の材料は実にさまざまだったが、赤ん坊の脂肪やコウモリの血といった不気味なものや、幻覚を引き起こす麻薬類が加えられることが多かった。たとえば、悪魔憑《つ》きを起こす軟膏としては、「聖体、聖別されたブドウ酒、粉末にした山羊、人間の骨、子供の頭蓋骨、髪、爪、肉、魔術師の精液、鵞《が》鳥《ちょう》の雛《ひな》、雌鼠、脳」などが使われた。殺人用軟膏には「ドクニンジン、トリカブトの汁、ポプラの葉、煤《すす》、毒セリ、菖蒲《しょうぶ》、コウモリの血、赤ん坊の脂肪」などが。飛行用には「墓から掘り出した子供の脂肪、セロリ、トリカブト、キジムシロの汁」などが用いられた。

こうした材料を、魔女たちは大釜で煮込むと信じられていた。そして、飛行する場合には、その軟膏を身体全体に塗り、さらに空中でまたがる箒に塗るのである。すると、魔女は動物の姿に変身し、箒に乗って空を飛ぶことができるのである。

しかし、15世紀になると、ヨーロッパのほとんどの悪魔学者たちは、魔女の軟膏にそのような現実的な力があるということを疑うようになっていた。悪魔学者ジャン・ド・ニノーは『狼憑きと魔女』(1615年)の中で、いかに悪魔といえども神でない以上は事物の本質を変えることはできないので、人間を動物に変身させたり、その魂を肉体から引き離して再び元に戻したりすることはできないといっている。にもかかわらず魔女たちが現実にそうしたと主張するのは、悪魔が幻覚作用を使って彼らの感覚を惑わしているからだというのである。

魔女の軟膏

魔女の軟膏 ➡ 魔女が飛行・変身・殺人を行うための不気味な薬

軟膏の目的と材料

軟膏の材料には赤ん坊の脂肪のような不気味なものや
幻覚作用のある麻薬類が用いられることが多かった。

悪魔憑き用軟膏

聖体、粉末にした山羊、子供の頭蓋骨、髪、爪、肉、鷲鳥の雛、雌鼠、脳など。

殺人用軟膏

ドクニンジン、トリカブトの汁、ポプラの葉、毒セリ、コウモリの血、赤ん坊の脂肪など。

飛行用軟膏

墓から掘り出した子供の脂肪、セロリ、トリカブト、キジムシロの汁など。

魔女は軟膏を大釜で煮込むと信じられていた。

15世紀の悪魔学者の考え

魔女の軟膏 ➡ 幻覚作用を引き起こす

軟膏を身体に塗った魔女は幻覚作用の影響で夢を
見て、それを現実と錯覚したと悪魔学者は考えた。

No.044

災厄転移の魔術

さまざまな災厄をほかの人物や動物、物などに転移させる魔術は、重荷を移される人物にとっては完全な黒魔術になってしまう魔術だった。

●自分だけよければいい身勝手な黒魔術

災厄転移の魔術は、病気、災厄、罪などの重荷を、ひとりの人物からほかの人物や動物、物などに転移させる魔術である。重荷を取り除かれる人にしてみればありがたい白魔術といえるだろうが、重荷を移される人物の身になると完全な黒魔術になってしまうのである。

災厄を転移する方法は災厄の種類や地域によってさまざまだった。

たとえば、熱病を転移するには次のような方法があった。ローマでは、患者の爪を切り取り、その切りクズと蝋《ろう》をこね合わせる。それを日の出前に隣家の戸につけておく。すると、熱は患者から隣人に移ってしまうのである。ギリシアでは、同じ魔術を使うのに、ただの蝋の塊ではなく、蝋人形の形にしたという。オークニー諸島では熱病患者の身体を水で洗い、その水を家の前に撒いた。すると、家の前を最初に通った人に熱病が移ってしまい、患者の熱は下がるのである。バイエルンでは熱病になった者自身が、「熱よ、去れ！　俺は留守だ！」と紙片に書き、それをそこらにいる他人のポケットに突っ込んだ。そうすると、その人に熱が移り、患者の熱は下がるのである。ボヘミアの熱病患者は次のような方法を用いた。空の壺を持って交差点へ行き、それを地面に投げつけて、すぐに逃げ出すのである。すると、最初にその壺を蹴飛ばしたものが熱病にかかり、患者は治ってしまうのである。

イボの患者からイボを転移させる場合には、次のような魔術が使われた。まず、イボと同じ数の小石をつかみ、それでイボを触る。それから、その小石を蔦《つた》の葉に包み、道に投げ捨てておく。そうすると、やがてその包みを拾い上げる者が現れるが、そのとき患者のイボはなくなり、拾い上げた者に転移してしまうのである。

災厄転移の魔術

災厄転移の魔術 ➡ 病気や不幸を別な人に移転させる魔術

⬇

移された人にとって恐ろしい黒魔術となる

いろいろな災厄転移の魔術

災厄転移の魔術は地域によっていろいろな方法があった。

ローマでは

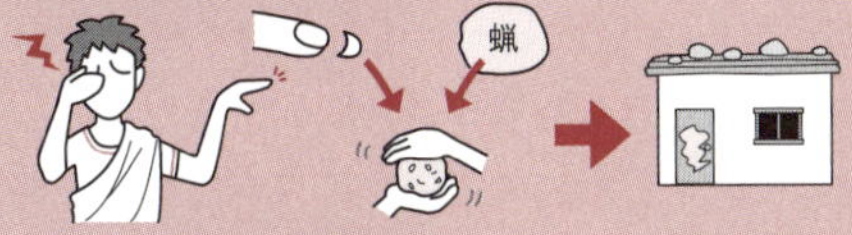

患者の爪を切り取り、蝋とこね合わせ、日の出前に隣家の戸につける。

オークニー諸島では

患者を水で洗い、その水を家の前に撒く。家の前を最初に通った人に病気が移る。

バイエルンでは

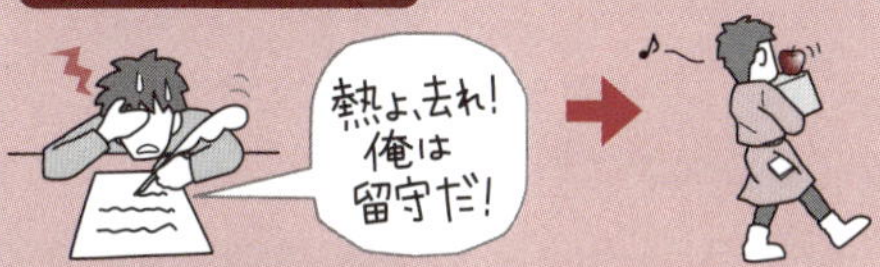

熱病の者自身が「熱よ、去れ！俺は留守だ！」と紙片に書き、他人のポケットに突っ込む。

ボヘミアでは

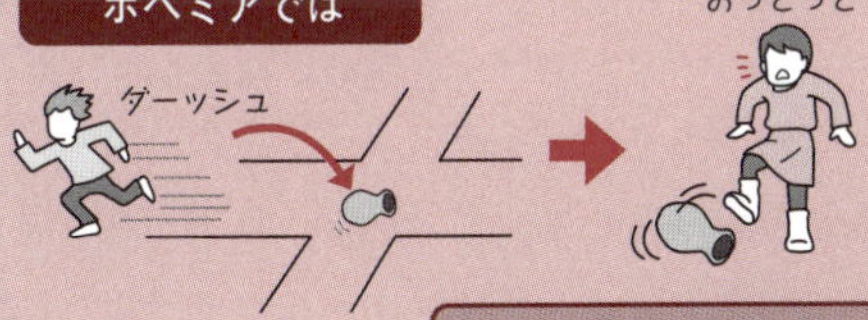

患者が空の壺を交差点に投げつけて逃げ出す。すると最初に壺を蹴った者に病気が移る。

こうすることで患者の病気は治り、他人に病気が転移されるのである。

No.045

栄光の手

栄光の手は泥棒のための魔術道具であり、他人の家に侵入する前に蝋燭に火を灯せば、何でも自由に盗み出すことができた。

●身の毛もよだつ泥棒の魔術道具

栄光の手はヨーロッパに伝わる泥棒のための魔術道具である。これは一種の燭台であって、栄光の手の指の間に蝋燭を立てて火を灯すのである。すると、それを見た者は死者と同じように完全に身体が動かなくなってしまう。あるいは蝋燭《ろうそく》に火が灯っている間は家人は決して目を覚まさなくなってしまう。あるいは、火を灯すと自分自身が透明人間になれるともいわれる。このため、他人の家に侵入する前に栄光の手に火を灯せば、何でも自由に盗み出すことができるのである。

しかも、栄光の手は絞首刑になった犯罪者の本物の手から作られるという不気味な代物だった。それで、なおさら人々から忌み嫌われた。18世紀初頭に出版された魔導書『**小アルベール**』（小アルベールの自然的カバラ的魔術の驚くべき秘儀）によれば、その作り方は以下の通りである。

まず、絞首刑になった犯罪者の手をまだ絞首台にぶら下がっている間に切り取る。それを必ず埋葬布の一片で包み、よく血を絞り出す。そして、土製の器に入れ、硝石、塩、コショウの実などを粉末にしたものに15日間漬け込む。それから取り出し、シリウスが太陽とともに上る暑い盛りの時期に、からからに乾燥するまで天日で乾す。日差しが足りない場合は、シダとクマツヅラで熱した竈《かまど》に入れて乾燥させてもよい。この過程で得られた脂には、真新しい蝋とラップランド産のゴマを混ぜて何本か蝋燭を作る。こうしてできあがるのが栄光の手なのである。

ただし、家のドアの敷居など侵入可能な場所に、黒猫の胆汁、白い鶏の脂肪、フクロウの血から作った軟膏を塗っておけば、栄光の手の効果を打ち消すことができるという。栄光の手に灯された炎は水でもビールでも消せないが、牛乳をかければ消すことができるという考えもある。

栄光の手

栄光の手 → 泥棒のための燭台型魔術道具

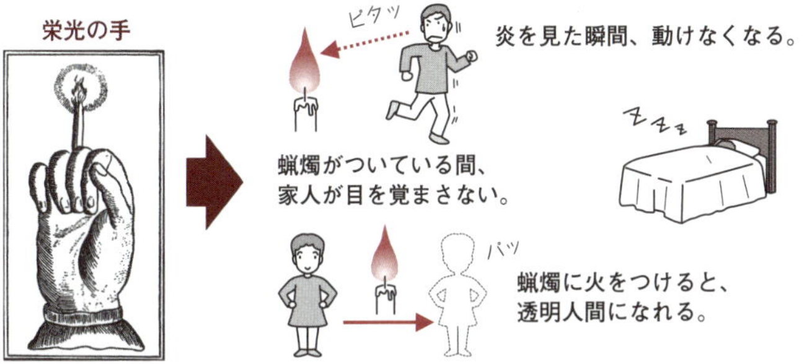
栄光の手
ピタッ
炎を見た瞬間、動けなくなる。
蝋燭がついている間、
家人が目を覚まさない。
パッ
蝋燭に火をつけると、
透明人間になれる。

栄光の手の作り方

栄光の手は絞首刑になった犯罪者の
本物の手から作られるという不気味な代物である。

①絞首刑になった犯罪者の手を切り取り、血を絞る。

↓

②硝石、塩、コショウの実などに15日間漬け込む。

↓

③暑い盛りの時期に、からからに乾燥するまで天日で乾す。

↓

完成

犯罪者の手。
硝石、塩、
コショウ。
天日で乾す。
出来上がり。

用語解説

●『小アルベール』→中世の大学者アルベルトゥス・マグヌス作の『大アルベール』を意識した本だが、作者はアルベルトゥス・パルヴァス・ルシウスとされている。

No.046

魔弾を作る

魔弾とは隠れている敵さえ確実に殺すことができる魔法の銃弾あるいは弓矢であり、聖なるキリスト像を撃ち抜くことで使用可能になるという。

●隠れた敵さえ撃ち殺す魔法の弓矢と銃弾

魔弾とは、隠れている敵さえ確実に殺すことができるという魔法の銃弾である。銃弾だけでなく、弓矢の矢についても同じ伝承がある。

有名な魔女狩り教本『魔女への鉄槌』に、絶対に狙いを外さない矢の作り方が書かれている。まず、聖金曜日（復活祭直前の金曜日）の荘厳ミサの最中にキリストの聖なる磔刑像《たっけいぞう》を弓で射る。次に、「キリスト教を捨てる」と悪魔に誓う。同じようにして、3本でも4本でも必要な本数の矢でキリストの磔刑像を射る。すると、その結果として、射手はその本数と同じだけの敵を確実に殺すことができるのである。ただし、魔弾を使う場合には、その前に殺したい人物を肉眼で確認しなければならず、かつその人物を殺すことに全身全霊を傾けなければならないのである。

このことは銃弾の場合も全く同じである。『魔女への鉄槌』には魔法の銃弾に関する話もある。それによると、かつてライン地方の君主エバーハルト髭王がある城を包囲したとき、プンカーという魔弾使いの兵士が毎日確実に城の守備兵を射殺していた。プンカーは毎日3発の魔弾を発射できたが、それは彼が毎日3度キリスト像を撃っていたからだというのである。

1821年にベルリンで上演された**カール・マリア・フォン・ヴェーバー**のオペラ『魔弾の射手（フライシュッツ）』も、恐ろしい魔弾を巡る物語である。主人公マックスは森林保護官になるために何としても射撃大会で優勝しなければならなかったが、そこにカスパールというごろつき狩人がやってきて、魔弾を使うようにそそのかす。そして2人は不気味な狼谷で悪魔を召喚し、その助けを得て魔弾を鋳造するのである。こうして作られた魔弾は7発で、このうち6発は百発百中の魔弾、残りの1発は悪魔が自由にコントロールできる魔弾だったとされている。

魔弾を作る

魔弾とは？ ➡ 百発百中の魔法の銃弾または矢

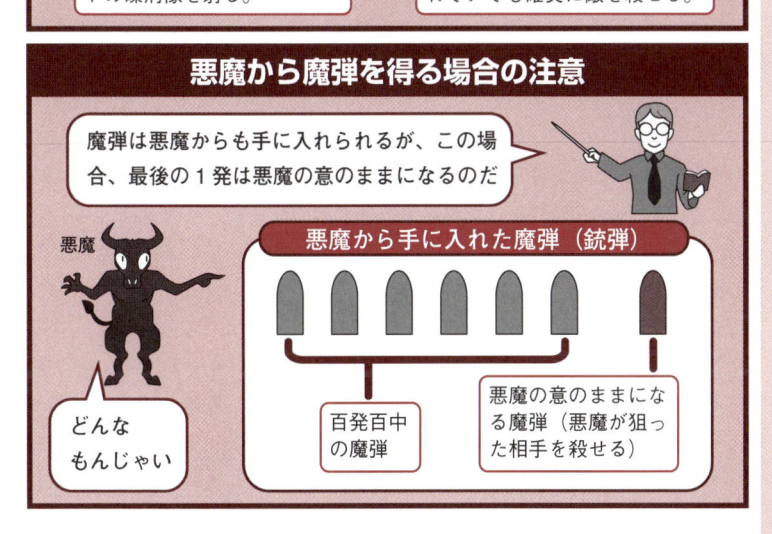

魔弾の作り方

魔弾の作り方は、弓矢の矢の場合も、銃弾の場合も、まったく同じでいいよ

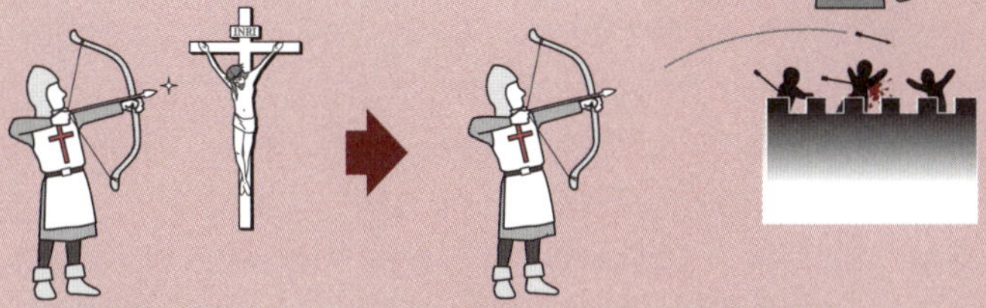
INRI

①必要な魔弾の数だけキリストの磔刑像を射る。

②キリスト像を射た数だけ、隠れていても確実に敵を殺せる。

悪魔から魔弾を得る場合の注意

魔弾は悪魔からも手に入れられるが、この場合、最後の1発は悪魔の意のままになるのだ

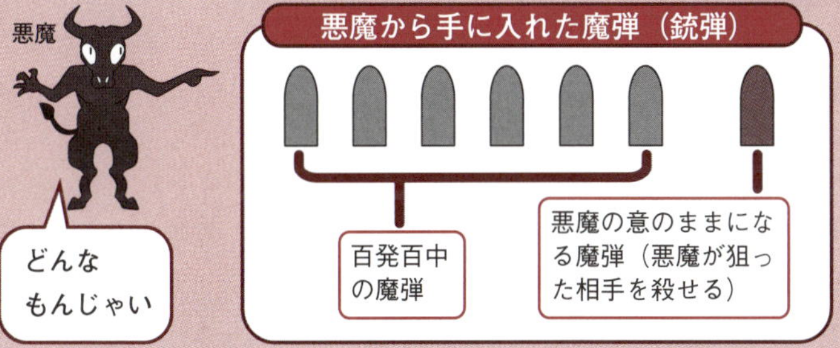
悪魔
どんなもんじゃい
悪魔から手に入れた魔弾（銃弾）
百発百中の魔弾
悪魔の意のままになる魔弾（悪魔が狙った相手を殺せる）

用語解説

●**カール・マリア・フォン・ヴェーバー**→1786～1826年。ドイツロマン派初期の作曲家。ほかにオペラ『オベロン』、器楽曲『舞踏への勧誘』などの作品がある。

No.047

魔女の邪眼

生まれながらに邪眼を持つ者、または悪魔と契約した魔女たちは、ただその視線でひと目見るだけで、見られた者を不幸にすることができるという。

●世界中で恐れられていた最も原始的な黒魔術

邪眼とは、邪悪な影響力を持った人間の目または視線のことであり、ただその視線で一瞥《いちべつ》するだけで、見られた者を不幸にしてしまうという黒魔術である。邪眼を持つ者は、ちょっと触っただけで、人や動物を死に至らしめることができるともいわれている。

邪眼は多くの場合、意図的なものではなく、生まれながらのものである。このため、邪眼の持ち主は、本人も気付いていないうちに他人を不幸にしてしまうことがある。しかし、ヨーロッパの魔女の邪眼は別だった。

魔女狩り時代のヨーロッパでは、悪魔と契約した魔女は、悪意ある視線を向けることで、意図的に、失恋、病気、事故、貧乏、死といったさまざまな不幸を引き起こすことができると信じられていた。それで、邪眼によって災厄を振りまいたという罪で、数多くの魔女たちが死刑に処せられたのである。有名な魔女狩り教本のひとつ『魔女への鉄槌』によれば、魔女の中には、ひと睨《にら》みしただけで異端審問所の裁判官を呪うことができるので、絶対に罰せられることはないと豪語する者もいたという。また、**セイラムの魔女裁判**で裁かれた魔女のひとりブリジット・ビショップも強烈な邪眼の持ち主で、その眼で睨まれただけで、セイラムの少女たちは倒れてしまったといわれている。

邪眼が発せられる状況には共通点もある。それは、邪眼の持ち主が、他人の持ち物に対して心から羨ましそうな視線を向け続けるときである。もしそんな目で見られたら、子供は病気になり、家畜は死に、財産はあっという間に失われてしまうのである。

しかも、邪眼は世界のどこにでもある原始的な黒魔術なので、邪眼から身を守るためのさまざまな護符やお守りが世界中に存在するのである。

魔女の邪眼

邪眼 → 邪悪な影響力を持った人間の目または視線

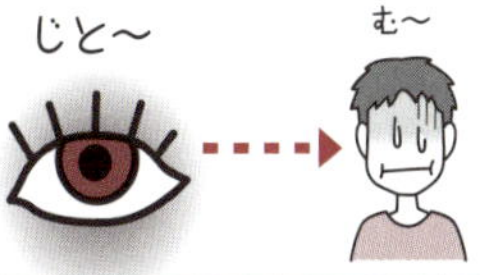
じと〜
む〜

タッチ

邪眼に一瞥されただけで、病気になってしまう。

邪眼の人に触られただけで、人や動物が死んでしまう。

●ヨーロッパの魔女の邪眼

普通、邪眼の持ち主は無意識に人を不幸にするが、魔女狩り時代のヨーロッパの魔女は、意識的に邪眼を使い、人を不幸にすることができた。

●普通の邪眼

こんにちは
うっぷ

見るだけで、無意識に相手を不幸にしてしまう。

●魔女の邪眼

不幸にしてやる

邪眼によって、意識的に狙った相手を不幸にすることができる。

邪眼が起こりやすい状況

邪眼は、邪眼の持ち主が他人を羨ましそうに見るとき起こりやすい。

あんなに収穫があって羨ましい

じ〜

用語解説

●**セイラムの魔女裁判→** 1692〜1693年にマサチューセッツ州セイラムで起こった新世界（アメリカ）で最大の魔女事件の裁判。19人が絞首刑に処された。

No.048

黒ミサ

黒ミサはカトリック教会の正統なミサの邪悪なパロディーであり、人を陥れたり、呪い殺したりするような邪悪な目的に用いられた。

●黒魔術を目的とした悪魔崇拝のわいせつなミサ

黒ミサは、黒魔術を目的として行われるミサである。

本来のミサは、パンとブドウ酒を用いて、イエスと一体化するための、**カトリック教会**の中心的な儀式である。しかし、ミサには魔術的なパワーがあるという信仰が古くからあり、天気をよくするミサ、雨乞いのミサ、子宝を授けるミサ、病気を治すミサなどが司祭によって行われてきた。これらはもちろん白魔術に分類されるだろうが、黒魔術師たちはこれを悪魔崇拝のための邪悪な儀式へと変更したのである。こうして出来上がったのが黒ミサであり、人を陥れたり、呪い殺したりするような邪悪な目的に用いられたのである。

このため、黒ミサは本来のミサをグロテスクにパロディー化した儀式となった。ミサをパロディー化するというのがテーマであり、定まった形式はなかった。パロディー化するというのはこういうことだ。たとえば、十字架を構えるときに上下を逆さまに持つ。十字架に唾を吐きかけたり、踏みつけたりする。聖水やブドウ酒のかわりに尿を用いる。頭に牡山羊の面をかぶる。神ではなく、悪魔の名を唱える。また、神聖な祭壇のかわりに裸体の女性を使うという方法がとられた。このために、黒ミサはしばしばわいせつな行為を伴うものになった。

「黒ミサ」という言葉が使われるようになったのは19世紀からだが、黒ミサの起源は魔女狩り時代にさかのぼる。魔女狩りの時代に、現実に黒ミサが行われたかははっきりしないのだが、黒ミサのような儀式を行ったという罪で処刑された魔女はたくさんいたのである。

ただし、黒ミサが歴史上最初に行われたのは、17世紀末のルイ14世の宮廷を騒がせたラ・ヴォワザンの黒ミサ事件だったといわれている。

黒ミサ

黒ミサ

- 黒魔術目的の悪魔崇拝のミサ
- キリスト教の正統なミサのパロディー

キリスト教のミサと黒ミサの違い

キリスト教のミサ

パンとブドウ酒を用いて、イエスと一体化するための、カトリック教会の儀式。

黒ミサ

- ミサをパロディー化した、悪魔崇拝のための黒魔術儀式
- キリスト教のミサの逆をやるようにする

十字架を逆さまに持つ。

十字架に唾を吐く。

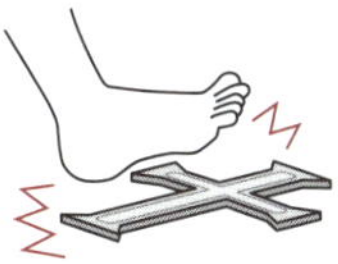

十字架を踏みつける。

牡山羊の面をかぶる。

聖水やワインのかわりに尿を使う。

裸体の女性を祭壇にする。

用語解説

●**カトリック教会**→ローマ教皇を中心とするキリスト教最大の教派で、使徒時代までさかのぼる最も伝統的な教会。

No.049

ラ・ヴォワザンの黒ミサ事件

ルイ14世の愛人モンテスパン夫人が国王の寵愛を取り戻すために引き起こした、歴史上最も衝撃的な黒ミサ事件の真相とは。

●ルイ14世の愛人が引き起こした黒ミサ事件

17世紀末のルイ14世の時代に黒ミサが大流行したことがあった。貴族たちはこぞって司祭を雇い、秘密の場所で黒ミサを行ったのである。その結果、多くの黒ミサが事件として摘発されたが、その中でも衝撃的で有名なのが、ラ・ヴォワザンの黒ミサ事件である。

この黒ミサ事件の関係者は1679年に逮捕され、主催者の魔女ラ・ヴォワザンは翌年処刑されたが、裁判の過程で、そのグロテスクな内容が明らかになった。

黒ミサの内容は、参加者たちが拷問された結果として自供したものなので、どの程度真実かはわからないが、それは次のようなものだった。

発端はルイ14世の愛人モンテスパン侯爵夫人だった。王が別の女性を愛し始めたと感じた侯爵夫人は、ラ・ヴォワザンの力で王の寵愛を取り戻そうとしたのだ。ラ・ヴォワザンは魔女という評判があり、黒ミサを主宰することで有名だった。こうして1673年に、ギーブール司祭によって、第一回目の黒ミサの儀式が行われた。この儀式で祭壇となったのはモンテスパン侯爵夫人の裸体だった。その前でギーブールは3度ミサを唱えた。裸体の腹の上に杯があり、司祭は子供の喉を掻き切り、その血を杯に注いだ。さらに、その血を粉に注いで混ぜ合わせ、聖体（パン）を作った。そして、アスタロト、アスモデウスの名を呼び、モンテスパンの希望を叶えるよう願った。ミサの最中に、司祭が祭壇に接吻するときには、ギーブールはモンテスパンの裸体に接吻した。また、聖体の聖別は女性器の上で行い、さらに聖体を女性器に挿入したという。

このような黒ミサが、その後も3回行われた。しかし、その効果が現れないうち、侯爵夫人を除く多くの関係者が逮捕されてしまったのである。

ラ・ヴォワザンの黒ミサ事件

ラ・ヴォワザンの黒ミサ事件 →

- ルイ14世治下の有名な黒ミサ事件
- モンテスパン夫人も関わっていた

ラ・ヴォワザンの黒ミサ事件の概要

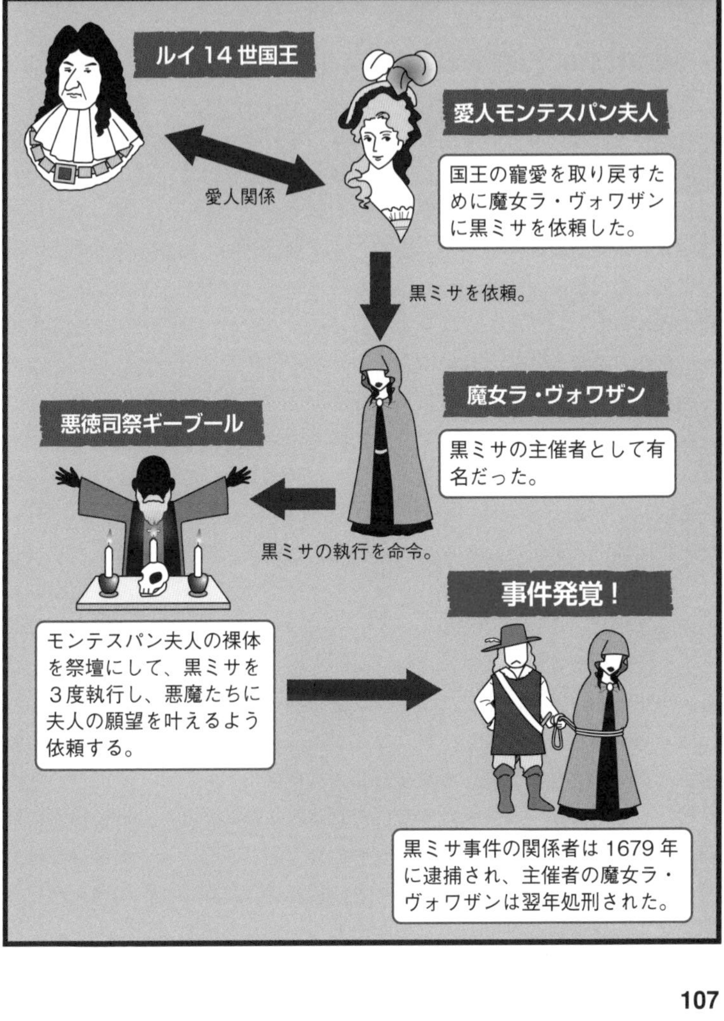
ルイ14世国王
愛人関係
愛人モンテスパン夫人
国王の寵愛を取り戻すために魔女ラ・ヴォワザンに黒ミサを依頼した。
黒ミサを依頼。
魔女ラ・ヴォワザン
黒ミサの主催者として有名だった。
悪徳司祭ギーブール
黒ミサの執行を命令。
モンテスパン夫人の裸体を祭壇にして、黒ミサを3度執行し、悪魔たちに夫人の願望を叶えるよう依頼する。
事件発覚！
黒ミサ事件の関係者は1679年に逮捕され、主催者の魔女ラ・ヴォワザンは翌年処刑された。

No.050

聖セケールの黒ミサ

聖セケールの黒ミサを執行するような極悪な司祭は、この世の終わりの日に、その罪のために永遠の地獄に落とされると信じられていた。

●極悪な司祭が行う悪人のための黒ミサ

聖セケールの黒ミサは、かつてフランスのガスコーニュ地方で行われていたといわれている邪悪な黒魔術である。この黒ミサは、悪人たちが敵に復讐するためのもので、悪人たちの依頼を受けた極悪な司祭によって執行されるとその地の農民たちの間で信じられていた。しかし、この黒ミサを知っている司祭はごくわずかしかおらず、仮に知っていたとしても、大半の司祭はその黒ミサを行おうとはしなかった。なぜなら、この黒ミサを行うような極悪な司祭は、この世の終わりの日に、その罪のために永遠の地獄に落とされると信じられていたからである。ただ、ローマ教皇だけがその恐ろしい罪に許しを与えることができたという。

この黒ミサは、フクロウが巣くい、闇の中にコウモリが飛び回っているような、あちこちが壊れて廃墟となった教会堂の中で行われた。

極悪司祭が妖女と一緒に現れ、11時の鐘を合図にミサを低く誦《しょう》し始め、真夜中の鐘とともにぴたりと誦し終わる。この間、妖女は介添え役を務める。この黒ミサの細部はキリスト教のミサのパロディーであり、司祭の祝福する聖餅《せいへい》は、本来は白くて丸いが、ここでは黒くて三角形をしている。ブドウ酒のかわりに洗礼を受けていない嬰児《えいじ》を投げ込んだ井戸の水を用いる。十字を切るときは手ではなく、左足で地上に描く。このほかにもいろいろと秘密の作法があるが、善良なキリスト教徒がそれを見ると一生の間、盲目となり聾唖《ろうあ》となってしまうと信じられていた。

こうして聖セケールの黒ミサが行われると、標的となった者は徐々に衰弱していき、ついには死んでしまうのである。しかし、その原因は誰にもわからない。どんな名医によっても手の施しようはなく、その当人も自分がなぜこんな目に遭っているのかわからないのである。

聖セケールの黒ミサ

聖セケールのミサ ➡

・フランス・ガスコーニュ地方で行われた黒ミサ
・悪人たちが敵に復讐するためのもの
・これを行った司祭は地獄に落ちるといわれた

聖セケールのミサの式次第

聖セケールのミサは次のように行われたといわれている。

闇の中にコウモリが飛び回るような、廃墟となった教会堂を見つけておく。

⬇

極悪司祭が午後１１時の鐘を合図にミサを開始し、真夜中の鐘とともにぴたりと終わる。

ミサの細部にはいろいろな規定があった。

・ミサで使う聖餅は、本来は白くて丸いが、ここでは黒くて三角形のものを使う。

・ブドウ酒のかわりに洗礼を受けていない嬰児を投げ込んだ井戸の水を用いる。

・十字は手ではなく、左足で地上に描く。

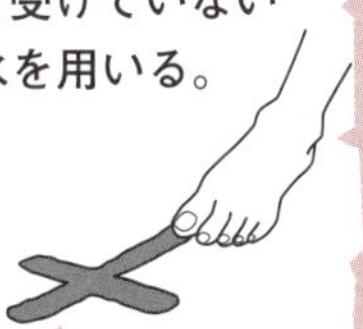

⬇

このようにして、聖セケールのミサが行われると、標的となった者は徐々に衰弱していき、ついには死んでしまう。

No.051

降霊術—NECROMANCY

死者の霊を呼び出す降霊術は、悪魔の召喚儀式にも似たおどろおどろしい不気味な儀式を必要としたため、古くから黒魔術の一種とみなされてきた。

●現代の心霊主義とは異なる恐るべき黒魔術

降霊術（Necromancy）は死者を呼び出し、過去や未来について教えてもらう、予言の一種である。予言というと、黒魔術ほど邪悪なものではなさそうだが、降霊術は十分邪悪である。現在の心霊主義的な降霊術と異なり、伝統的な降霊術は、人に嫌悪を催させる、おどろおどろしい儀式に満ち満ちていたからだ。また、中世ヨーロッパでは降霊術で呼び出される霊は悪魔だと考えられ、その術は「NIGROMANCY」と呼ばれた。「NIGRO」は黒であり、降霊術は黒魔術だということが強調されたのである。

中世ヨーロッパにおいて、降霊術が極端に嫌われたのは、降霊術の儀式の中にキリスト教が禁じていた魔術のさまざまな形態が、凝縮していたからである。それは悪魔召喚の儀式に非常に似ていた。

儀式は、普通は真夜中に、墓場とか、戦争や殺人事件があって間もないような不気味な場所で行われた。そして、儀式では、しばしば人形が聖別され、死者の頭部が燃やされた。悪魔の召喚儀式のように、高位の悪魔の名によって、低位の悪魔を呼び出すこともあった。さまざまな記号や図形が使用されることもあった。祈りを穢《けが》れたものにするために、聞いたこともないような名前を呼び、悪魔の名前と天使や聖者の名前を混ぜ合わせて使うこともあった。

そして降霊術師たちは墓を掘り返し、死体を引きずり出した。人間の死体を切り裂き、動物を生贄として殺すこともあった。必要であれば、自分自身の血までも生贄として捧げた。

もちろん、降霊術の歴史は古く、キリスト教以前の古代ギリシア・ローマの時代から存在していた。しかし、その時代から降霊術は死体を扱ったり、動物の犠牲を捧げたり、不気味な儀式に満ちていたのである。

降霊術―NECROMANCY

降霊術 →

死者の霊を呼び出して過去や未来を知る予言

↓

おどろおどろしい不気味な儀式

↓

中世ヨーロッパでは、降霊術で呼び出される霊は悪魔と考えられた

↓

黒魔術とみなされた

降霊術の儀式の特徴

降霊術にはキリスト教が禁じていた魔術のさまざまな形態が凝縮していた。

真夜中、墓場や、殺人事件などがあって間もない不気味な場所で儀式が行われた。

しばしば人形を聖別した。

悪魔の召喚のように、さまざまな記号や図形が使用されることがあった。

聞いたこともない名前を呼び、悪魔の名前と天使や聖者の名前を混ぜ合わせて使った。

墓を掘り返し、死体を引きずり出し、人間の死体を切り裂き、動物を生贄として殺すこともあった。

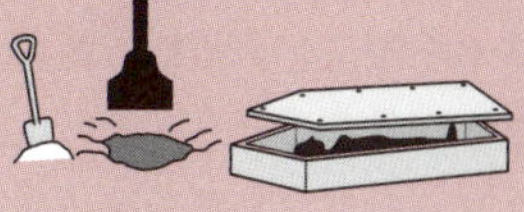

No.052

魔女エリクトの降霊術

ネロ皇帝時代の古代ローマの詩人ルカヌスの叙事詩『ファルサリア』に、キリスト教以前の古い降霊術の儀式が詳しく描かれていた。

●古代ローマ時代の降霊術の忌まわしい儀式

ネロ皇帝時代の古代ローマの詩人ルカヌスの叙事詩『ファルサリア』に、**大ポンペイウス**の息子セクストゥス・ポンペイウスの依頼で、魔女エリクトが降霊術を行う場面がある。これを見ると、キリスト教以前の古い時代から、多くの人々が降霊術を不気味なものと考えていたことがわかる。

魔女エリクトは普段から、まるで自分自身が死体であるかのように荒れ果てた墓に住み、肉塊、火葬された子供の骨、死人の皮、爪、舌、目玉、死人の衣などに囲まれて暮らしていた。そして、依頼を受けると、儀式のためには大声で話せる健康な肺を持った新しい死体が必要だといった。古い死体では、声も小さく、記憶もあいまいで、何を言っているかわからないからだ。最近死んだ死体を見つけると、エリクトは、周りがイチイの木で囲まれている、暗い場所に運んだ。そして、死体の胸を切り開いた。それから、新しい経血、狂犬病の犬の唾液、オオヤマネコの腸、死体を食べたハイエナのこぶ、ヘビが脱皮した皮、エリクトが唾をかけた植物の葉を混ぜ合わせて、死体の胸に注いだ。それから、狼のうなり声、犬の吠え声、夜行性のフクロウの金切り声、野獣の吠え声、ヘビのシューシューいう音、岩を打つ水音、森の音、雷の音などが混ざり合ったようなはっきりしない呪文を唱えた。さらに、冥界や地獄で活動する神々、ペルセポネ、ヘカテ、ヘルメス、運命の三女神、渡し守カロンの名を呼んで訴えた。

すると、霊が出現した。霊は、最初は死体に入るのを拒んだが、エリクトが脅すと死体に入った。すぐに、死体の血は暖かくなり、脈打ち始め、呼吸を開始し、ついには起き上がり、ポンペイウスのすべての質問に答えた。こうして、すべての質問の答えが得られたあとで、エリクトは霊が自由になって、死者の国に還れるように、死体を焼き、灰にしたのだ。

魔女エリクトの降霊術

魔女エリクトの降霊術 →
・キリスト教以前の古代ローマ時代の降霊術
・叙事詩『ファルサリア』に登場

魔女エリクトの降霊術の特徴

魔女エリクトの降霊術を見ると、キリスト教以前の時代から
降霊術が不気味なものだったことがわかる。

魔女エリクトの暮らしぶり

荒れ果てた墓に住み、肉塊、火葬された
子供の骨、死人の皮などに囲まれていた。

降霊術の方法

①大声で話せる健康な肺を持った新しい死体を見つけてくる。

↓

②死体を暗い場所に運び、死体の胸を切り開く。そして、新しい経血、狂犬病の犬の唾液などを注ぎ込む。

↓

③不気味な声で呪文を唱え、ペルセポネ、ヘカテ、ヘルメス神などに訴えると、霊が出現し、死体に入り込むので、霊から聞きたいことを聞き出す。

↓

④すべてを聞き出したら、死体を燃やして灰にし、霊を開放する。

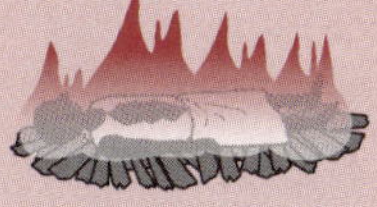

用語解説

●**大ポンペイウス**→紀元前１世紀の共和政末期のローマの軍人、政治家。カエサル、クラックスとともに三頭政治を行った。

No.053

ムーンチャイルドの降霊術

20世紀の黒魔術師アレイスター・クロウリーの小説『ムーンチャイルド』に描かれた降霊術の不気味すぎる儀式とは？

●20世紀の黒魔術師が小説に描いた降霊術

比較的新しい降霊術の儀式として、20世紀の黒魔術師として有名なアレイスター・クロウリーの小説『ムーンチャイルド』に描かれたものを見ておこう。この作品は1917年に発表されたもので、クロウリーの降霊術がどのようなものだったかを教えてくれる、貴重な資料になるだろう。

それによれば、儀式は日没に開始されるという。場所は荒れ果てた礼拝堂の一隅である。その場所には湿地帯から取った泥が敷き詰められ、その上に硫黄の層が重ねられていた。その上に先が二つに割れた杖で魔法円が描かれ、線の溝には石炭の粉が埋められた。そして、その中に人間の死体が頭を北にして置かれた。

参加者は、降霊術師と助手が2人である。ひとりの助手が火の灯った黒蝋燭《ろうそく》を持ち、もうひとりが山羊を紐でつなぎ、大鎌を持って立った。師が最後に魔法円に入り、円の周縁に9本の蝋燭を立て、火を灯した。そして、かごに入れてきた4匹の黒猫を、東西南北に、生きたまま黒い鉄の矢で釘刺しにした。

助手のひとりが祈祷を始め、邪悪な悪魔の名前を連呼した。そして、悪魔たちのこれまでの残酷な所業を羅列して賛美した。すると、地獄の哄笑《こうしょう》のような声が響き、悪霊たちが姿を現した。それは見るからに不気味な、どろどろした地球外生物のような姿だった。ここで、助手のひとりが巨大なナイフで、暴れる山羊の心臓を突き刺した。それから山羊の頭を切断し、人間の死体の腹を切り裂き、前者を後者の中に詰め込んだ。と、突然、その助手は狂ったように死体に飛びつき、その歯で死体を引き裂き、血をなめ始めた。それから突然立ち上がると、召喚された死者の霊として、降霊術師たちが知りたかった秘密について決然と語り始めたというのである。

ムーンチャイルドの降霊術

ムーンチャイルド ➡
・20世紀の黒魔術師アレイスター・クロウリーの小説
・降霊術の詳しい描写がある

クロウリーの考えた降霊術

小説『ムーンチャイルド』では、降霊術は下のように行われるとされている。

①儀式は日没に、荒れ果てた礼拝堂の一隅で開始する。

②儀式の場所に、湿地帯から取った泥を敷き詰め、その上に硫黄の層を重ねる。

③先が二つに割れた杖で魔法円を描き、線の溝に石炭の粉を埋める。

④魔法円の中に人の死体を頭を北にして置く。

⑤助手１が火の灯った黒蝋燭を持ち、助手２が山羊の紐と、大鎌を持ち、魔法円に入る。師が最後に魔法円に入り、円の周縁に９本の蝋燭を立て、火を灯す。そして、４匹の黒猫を、東西南北に、生きたまま黒い鉄の矢で釘刺しにする。

⑥助手１が祈祷すると、悪霊が出現する。

⑦助手２が山羊の首を斬り落とし、死体の腹に詰め込むと、発狂したようになり、死者の霊のかわりに、知りたいことのすべてを教えてくれる。

No.054

ギラルディウスのベル

不気味な儀式を行わずに、いとも簡単に死者の霊を呼び出すことができるギラルディウスのベルの作り方が、古い写本に詳しく記されていた。

●魔導書に記載された降霊術師のベル

グリヨ・ド・ジヴリ著『妖術師・秘術師・錬金術師の博物館』によると、フランス国立図書館の写本3009番『ギラルディウスの小さい光の小冊子、自然の驚くべき秘密について』の中に、ギラルディウスの降霊術師のベルという魔法の鈴についての記載があるという。

この鈴は、これがあればいとも簡単に降霊術が実践できるというものなので、ここで紹介しておこう。

写本の中には降霊術師のベルの図があるが、それによればベルの大きさは手のひらよりも大きそうである。そして、ベルの下の方に、その名を口にしてはいけない唯一神ヤハウエ（YHWH）の神聖4文字を指し示すテトラグラマトンの文字がある。その上に七惑星の記号がある。その上にはアドナイの文字がある。吊環の部分にイエスの名が記されている。ベルの図の周りは二重の円で囲まれており、その中に七惑星の記号があり、その内側にそれぞれの惑星の霊の名が記されている。これらの霊の名は魔導書『**魔術のアルバテル**』に記載のあるオリンピアの霊と同じであり、真上から右回りに、太陽の霊オウク、金星の霊ハギス、水星の霊オフィエル、月の霊ファル、土星の霊アラトロン、木星の霊ベトホル、火星の霊ファレグである。このベルは鉛、スズ、鉄、金、銅、不揮発性水銀、銀の合金でなければならず、その合金は、呼び出す霊のこの世での誕生の日の同時刻に溶解したものでなければならないという。降霊術師の正装の図もあり、右手に七惑星の記号が書かれた羊皮紙、左手にベルを持っている。

ベルが完成したら緑色のタフタの布に包み、降霊術師が墓穴の真ん中に置き、7日間放置する。すると、そのあとは永久に、このベルを振り鳴らすだけで簡単に霊を呼び出せるようになるのだという。

ギラルディウスのベル

降霊術師のベル → 簡単に降霊術が実践できるベル

降霊術師のベルの特徴

フランス国立図書館の写本にある降霊術師のベルの図は以下のようなものである。

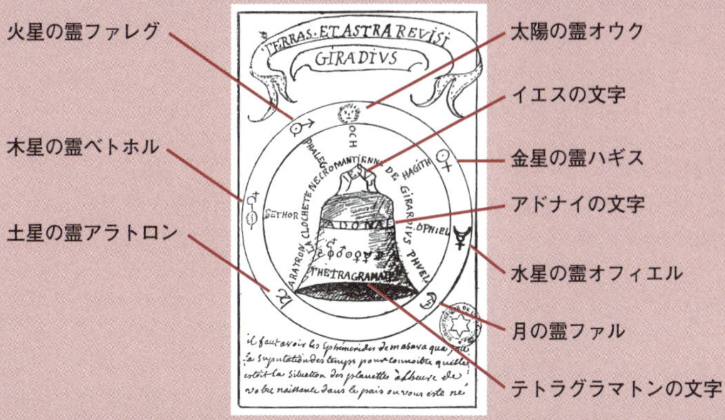

ベルの作り方

降霊術師のベルの作り方は以下の通りである

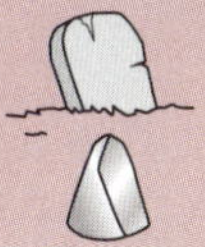

①鉛、スズ、鉄、金、銅、不揮発性水銀、銀の合金でベルを作る。

②タフタ布に包み、墓穴の中に7日間放置しておく。

③その後は、ベルを振り鳴らすだけで簡単に霊を呼び出せる。

用語解説

●**『魔術のアルバテル』**→1575年にスイスのバーゼルでラテン語版が出版された魔導書。『ソロモン王の鍵』系列に属さない魔導書である。

『ソロモン王の鍵』と『ソロモン王の小さな鍵』

14～18世紀頃のヨーロッパでは、悪魔を使役して自らの願望をかなえる儀礼的魔術の方法を記した魔導書（グリモワール）という魔術書が大量に出回った。これらの魔導書の中でもとくに有名なものに、『ソロモン王の鍵』と『ソロモン王の小さな鍵』があるが、名前が似ていて混乱しやすいので簡単に解説しておこう。

『ソロモン王の鍵』（別名『ソロモン王の大きな鍵』）は、ソロモン王が書いたという伝説もあるが、歴史的には14、15世紀ころに作られたと推定されている魔導書である。この本は、宇宙に存在するたくさんの霊（悪魔や天使など）の中から、目的にあった霊に働きかけ、自分の願望を達成しようというものだが、最大の特徴は、霊を使役するために必要となる44個のペンタクルが紹介されていることである。ペンタクルとは特別な印形が描かれたメダルまたはワッペンのようなもので、これを見せることで、術者は確実かつ安全に霊を服従させることができるのである。たとえば、火星の第六ペンタクルを使って霊を召喚すると、術者は偉大な防御力を手に入れることができ、誰に襲われても怪我をすることがないばかりか、敵の武器は敵自身を傷つけるようになるとされている。

一方、『ソロモン王の小さな鍵』（別名『レメゲトン』）もソロモン王が書いたという伝説のある魔導書だが、もともとは独立した五つの魔導書だった。これらの五書はそれぞれ14～16世紀ころ書かれ、17世紀に一冊の本としてまとめられた。それゆえ、『ソロモン王の小さな鍵』は五部構成で、部ごとに異なる霊の集団を対象にしているが、その最大の特徴は、「ゲーティア」と題された第一部で、有名なソロモン王の72悪魔の召喚方法や、それぞれの悪魔の地位や能力について詳しい解説がなされていることである。これを見ることによって、友人たちを仲たがいさせたいときには、不和を撒き散らす力を持つアンドラスという悪魔を召喚し、命令すればいいということがわかるのである。

ただし、『ソロモン王の鍵』も『ソロモン王の小さな鍵』も、決して邪悪な魔術についてだけ書かれているわけではない。薬草、天文学、数学などさまざまな学問の知識を手に入れることにも、これらの魔導書は役に立つのである。これが、当時の人々から黒魔術と見なされたのは、これらの魔術が、神ではない、悪魔の力に頼るものだったからといっていいのである。

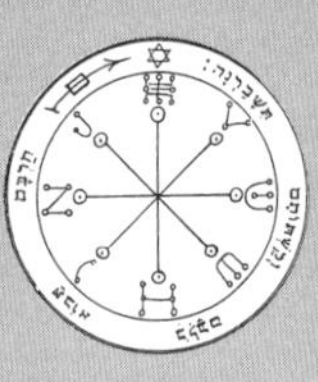

『ソロモン王の鍵』に掲載されている火星の第六ペンタクル。

『ソロモン王の小さな鍵』に掲載されている悪魔アンドラスの印章。

第3章
日本の黒魔術

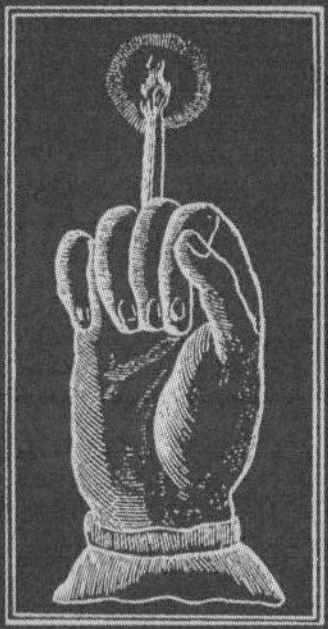

No.055

日本の黒魔術の特徴

神道、陰陽道、密教（仏教）、修験道など、古くからたくさんの思想・宗教がひしめき合ってきた日本では、黒魔術の種類も豊富だった。

●思想・宗教によって多様に発達した日本の黒魔術

日本は多宗教かつ多宗派の国である。神道《しんとう》、陰陽道《おんみょうどう》、密教（仏教）、修験道など、古くから実にたくさんの思想や宗教が狭い国土の中でひしめき合ってきた。それだけに、日本の黒魔術は実に多彩である。

日本の黒魔術は平安時代には十分に発達していた。平安時代の貴族たちは、政敵を追い落とすために、しばしば呪詛《じゅそ》に頼った。呪詛を実行したのも阻止したのも、陰陽師《おんみょうじ》が多かった。この時代の貴族たちは、病気などは呪詛のせいと考え、陰陽師などを呼び、禊祓《みそぎはら》いの儀式を行ったのである

陰陽師が用いる陰陽道は、中国由来のものだが、仏教と同じ5～6世紀ころに日本に伝来し、7世紀には陰陽寮という役所が設置された。そして、式神の呪法を使った安倍晴明の活躍で10世紀頃に最盛期を迎えたが、それから江戸末期まで、日本人の行動様式に影響を与え続けた。高知県物部村《もののべむら》でいまも行われている「いざなぎ流」も、陰陽道系の魔術である。

宗教系の黒魔術では、密教系のものと修験道系のものが盛んに行われた。

修験道は山岳信仰に端を発し、密教、道教、陰陽道などが習合した信仰で、山岳修行により超自然的な験力《げんりき》の獲得を目指す宗教である。験力を得た修験者はいわば呪力ある魔術師であって、庶民の依頼で、しばしば黒魔術を行った。密教は、空海、最澄らによって日本に移植されたが、願望成就のための加持《かじ》・祈祷《きとう》の類が体系的に発達し、ほかの宗教以上に本格的な呪法が行われた。憎い相手を打ち砕く黒魔術である調伏《ちょうぶく》法も、六字経法、降三世《ごうざんぜ》法、大威徳法など、いろいろと用意されている。元寇のとき、筑前の観音寺で蒙古調伏のために修された五壇法も密教の調伏法である。

ほかに、江戸時代に流行した丑《うし》の刻参《こくまい》りのように、庶民が個人的に行った黒魔術もあった。

日本の黒魔術の特徴

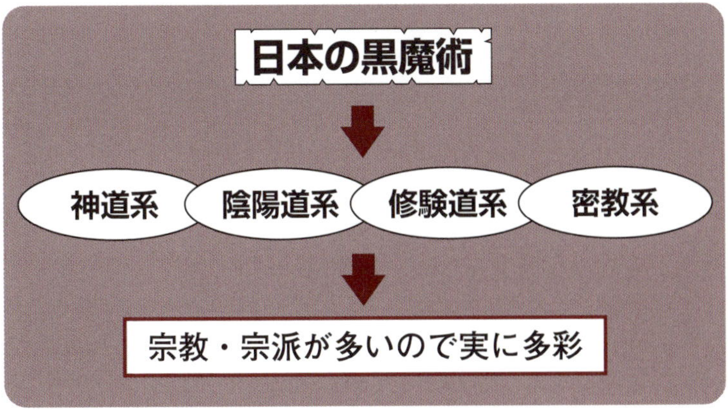
日本の黒魔術
神道系
陰陽道系
修験道系
密教系
宗教・宗派が多いので実に多彩

●日本の呪法の主な系統

日本に黒魔術の系統はたくさんあるが、なかでも勢力が盛んだったのは陰陽道系、密教系、修験道系である。もともとの宗教には次のような特徴がある。

陰陽道

- 5〜6世紀ころに中国から伝来。
- 安倍晴明が登場した10世紀頃に最盛期。
- 現在の高知県に伝わる「いざなぎ流」も陰陽道系。

修験道

- 山岳修行による超自然的な験力の獲得を目指す宗教。
- 修験者は魔術師と同じで、庶民の依頼で黒魔術を行う。

密 教

- 空海、最澄らによって日本に移植される。
- 加持・祈祷の類が体系的に発達し、ほかの宗教以上に本格的な呪法を行う。
- 六字経法、降三世法、大威徳法などの呪法がある。

その他

- 丑の刻参りのように個人的に行われた黒魔術もある。

No.056

丑の刻参り

恨みを持った日本の庶民は、真夜中の丑三時に、密かに神社やお寺に参拝し、呪う相手に見立てた藁人形を、神木や鳥居などに釘で打ちつけた。

●呪う相手の藁人形を神木に打ちつける

丑《うし》の刻参《こくまい》りは、真夜中の丑三時《うしみつどき》（午前2時〜2時半ころ）に、密かに神社やお寺に参拝し、呪う相手に見立てた藁《わら》人形を、神木や鳥居などに釘で打ちつけ、呪いの成就を祈願する儀式である。「丑の刻参り」は「丑の刻詣《もう》で」ということもあり、「丑の刻」は「うしのとき」と読むこともある。

丑の刻参りが盛んに行われたのは江戸時代であり、謡曲や浄瑠璃、浮世絵などのテーマによく採り上げられた。それを基に、作法や服装も定まった。それによればその服装は白装束で、胸に鏡を掛け、高下駄をはき、髪を振り乱し、頭に五徳を逆さに立て、それに3本の蝋燭を立てる。そして、決して人に見られないようにして7日間にわたって丑の刻参りを行うのである。そうすると、満願の7日目に人形に釘を打ちつけたのと同じ身体の場所が痛んで相手は死ぬというのである。使用する釘や人形に絶対的な規定はないが、釘にはできるだけ大きな鉄の五寸釘を使い、また人形の中に相手の爪や髪の毛を編み込むことで、呪力は一層増すという説がある。

屋代本『平家物語』（剣の巻）に、妬《ねた》ましい女をとり殺そうと貴船大明神に丑の刻参りをする、ある女の話がある。その結果として、女は貴船大明神からあるお告げを得る。それは、長い髪を五つに巻き、松脂で固め、五つの角を作り、顔にも体にも赤い染料を塗り、頭に鉄輪を載せ、その三つの足に松明を結びつけて火を燃やし、21日間繰り返し宇治川に浸れというものだった。そこで女がその通りにすると、その満願の日に彼女自身がついに鬼となり、妬んでいた女ばかりかその関係者まで次々と殺すことができたのである。そして、これが有名な宇治の橋姫だというのだ。この物語には藁人形も五寸釘も登場しないが、ここに描かれた丑の刻参りから、後の時代の恐ろしい丑の刻参りが発展してきたと考えられている。

丑の刻参り

丑の刻参り ➡ 真夜中に、藁人形を神社の神木などに釘で打ち付ける呪いの儀式

丑の刻参りは江戸時代に最も盛んに行われ、浄瑠璃や浮世絵のテーマにもよく取り上げられたよ

丑時参

※右は江戸中期の浮世絵師鳥山石燕の描いた「丑時参(うしのときまいり)」。

丑の刻参りの標準的服装

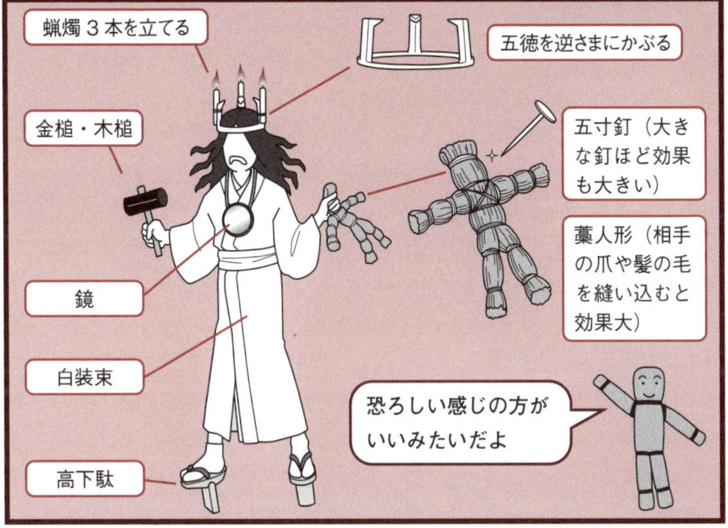
蝋燭3本を立てる
五徳を逆さまにかぶる
金槌・木槌
五寸釘（大きな釘ほど効果も大きい）
藁人形（相手の爪や髪の毛を縫い込むと効果大）
鏡
白装束
高下駄
恐ろしい感じの方がいいみたいだよ

用語解説

●**屋代本『平家物語』**→『平家物語』の写本の一系統で、琵琶法師が語るための台本として書かれた最古級の写本。

No.057

蔭針の法

蔭針の法は丑の刻参りと同じような人形を使った呪法であり、神道・古神道の世界で少彦名命の秘伝とされる呪詛法である。

●神道に伝わる少彦名命の秘伝とされる呪詛法

蔭針《かげはり》の法は神道・古神道の世界で**少彦名命**《すくなびこなのみこと》の秘伝とされる呪法で、人形《ひとがた》を使った黒魔術として怨敵調伏《おんてきちょうぶく》に利用できるが、そのほかにも、病気治癒、厄除け、縁結び、縁切りなどにも効験があるとされるものである。

用意するのは、針、畳、人形である。針の材質は金、銀または鉄とし、**甲子**《かっし》**の日**の日の出の時刻に、完全に清めた金床を用いて作る。寸法はすべて長さ4寸8分、頭部の幅4分である。針の種類は陽針《おばり》1本、陰針《めばり》1本、その他8本である。畳は2枚用意する。一枚は長さ8寸、幅5寸、厚さ1寸8分。もう一枚は長さ8寸、幅5寸、厚さ4分である。2枚とも畳の四方の縁に大和錦の赤地を用いる。人形は、2枚の半紙を折って作る。人形の大きさは2枚の畳の間に完全に隠れるようにする。

儀式の前には、神前の机に人形、針、畳を載せ、神前に二拝二拍手する。次に自祓《じばらい》して自分自身の身を清めた後、少彦名命の神招《かみおぎ》を行う。

その後、厚さ1寸8分の畳の上に人形を置き、その上に厚さ4分の畳を載せる。針を両手で掲げ、目的を思い浮かべ、次に針をへその所に持ってきて気持ちを込める。右手で針を持ち、左手で針先を畳の上に当てる。そして、恨みを晴らしたい相手がいる場合には、「禁厭の一念を通す神の御針。怨敵調伏」と3度唱え、気迫が最も高まった瞬間に一気に針を畳に突き立て、その針が人形の頭を貫くようにする。こうして針を1本突き刺したら、次の針を取り、両手で掲げるところから気が済むまで繰り返すのである。

儀式後は願いが成就するまで、針を抜かないでおく。そして願いがかなったあとで、「アッパレ、アナオモシロシ、アナタノシ、アナサヤケオケ」と神楽《かぐら》の秘文を唱えながら針を抜き取る。最後に人形は焼き、その灰は海や川に流すのである。

蔭針の法

蔭針の法とは?

・神道・古神道の少彦名命の秘伝
・人形（ひとがた）を使った怨敵調伏の黒魔術
・病気治癒、厄除け、縁結び、縁切りにも効験

用意する物と使い方

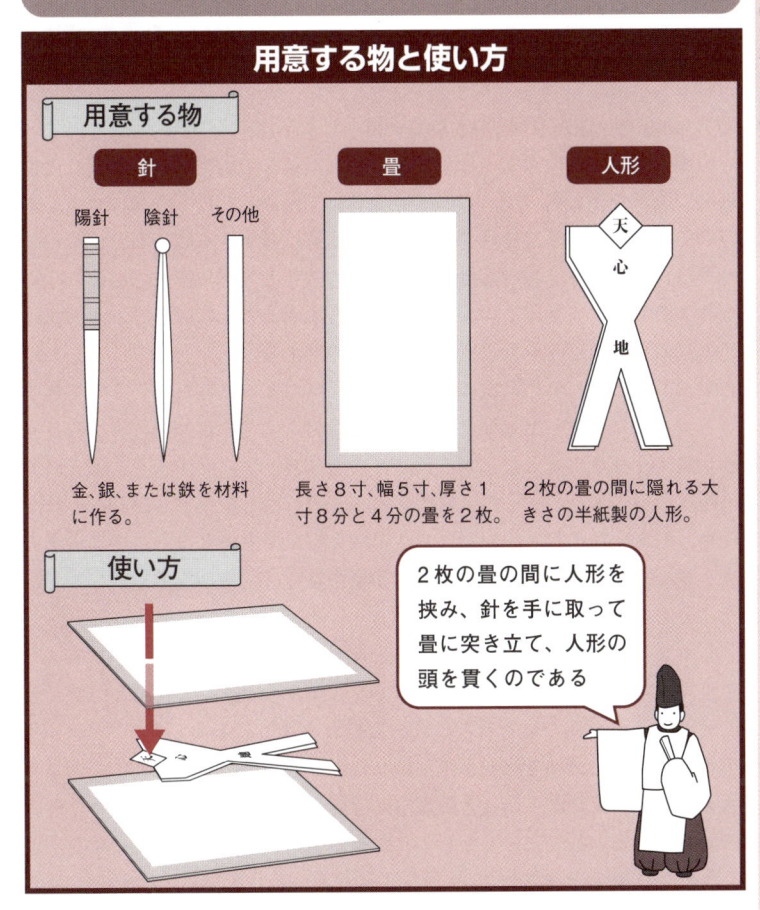

用意する物

針

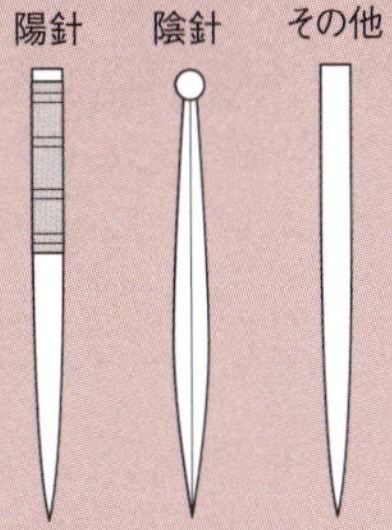
陽針
陰針
その他

金、銀、または鉄を材料に作る。

畳

長さ８寸、幅５寸、厚さ１寸８分と４分の畳を２枚。

人形

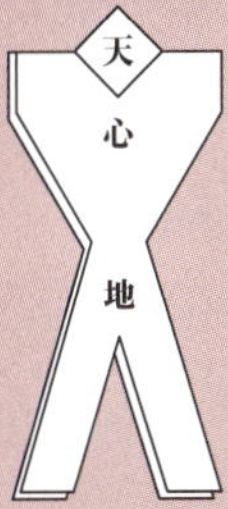
天
心
地

２枚の畳の間に隠れる大きさの半紙製の人形。

使い方

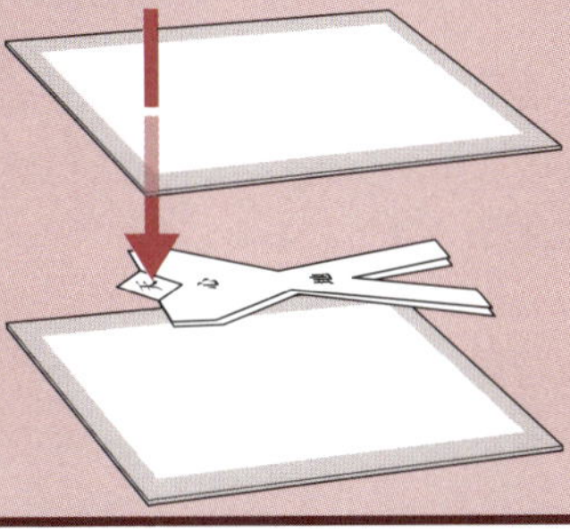

２枚の畳の間に人形を挟み、針を手に取って畳に突き立て、人形の頭を貫くのである

用語解説

●**少彦名命**→日本神話の中で、大国主命の国作りに協力した神。常世の神だが、酒、医薬、まじないなどの神としても知られる。
●**甲子の日**→甲子は干支の組み合わせの一番目であり、甲子の日は吉日とされている。

No.058

犬神の呪法

犬神の呪法は、犬の霊を家の神として祀ることで、その霊を自由に操って他人の富を奪い、それによって自分の家を金持ちにする黒魔術である。

●犬の魂魄を使役する蠱毒法の一種

四国のいざなぎ流などに伝わる犬神の呪法は、中国で実践されていた蠱《こ》毒《どく》法の流れを汲むもので、犬の霊を操作して他人に損害を与え、かつ主人の家を金持ちにする黒魔術である。犬神は家に憑依《ひょうい》する霊であり、その家の者は代々にわたり犬神が満足するように神として祀《まつ》らなければならない。そうする限り、犬神はその家に富をもたらすが、粗末に扱うことがあれば、その家の者に災厄をもたらすことになるのである。

犬神を手に入れるには次のようにすればいいと伝えられている。生きている犬を首だけ出して地面に埋め、飢えさせる。その目の前に食べ物を置き、飢えが極度に達したときに犬の首を切り落とす。その首を人通りの多い四辻などに埋め、多くの人に踏ませる。それから首を掘り出し、それを呪物として祀るのだ。これだけで犬神はその人のものとなり、主人はその霊を意のままに操ることができ、もし望むならば、憎い相手を殺してもらうこともできるのである。

しかし、このようにして一度でも犬神を操ったなら、その者の家にはその後ずっと犬神が住み着くことになる。このような家を犬神筋といい、その家の子孫や家族たちもみな、犬神を操れるようになる。そのかわりに、代々にわたって犬神を祀らなければならなくなるのである。

犬神として祀られている犬の霊は、四国の僻村では、鼠かイタチくらいの大きさだとされている。そして、犬神が憑いている家筋では、女の子がひとり生まれると犬神は75匹ずつ増えるといわれている。また、犬神筋の家から嫁を貰うと、嫁と一緒に犬神もついてきて、嫁ぎ先の家にも犬神が住み着くことになるという。したがって、その家でもまた犬神を祀らなければならなくなるのである。

犬神の呪法

犬神とは?

家に憑依する犬の霊で、家を金持ちにし、願望をかなえてくれるのだ

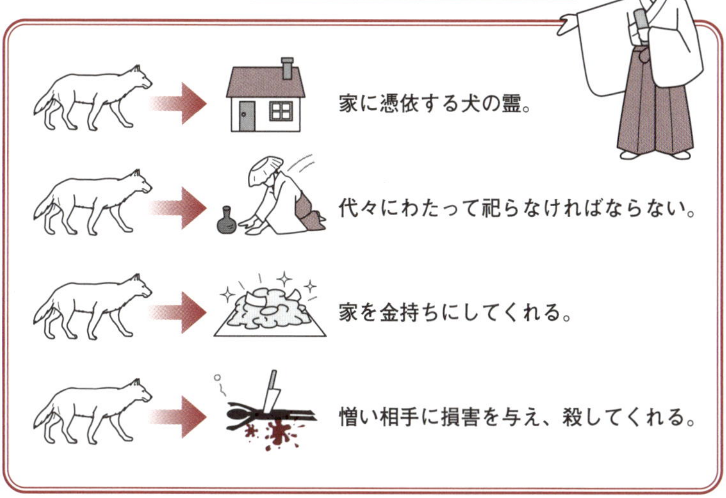
家に憑依する犬の霊。
代々にわたって祀らなければならない。
家を金持ちにしてくれる。
憎い相手に損害を与え、殺してくれる。

犬神の作り方

犬神を手に入れる方法はとてつもなく残酷で、いまでは許されないものだ!

え？
なに？
うっっえー
グーー
まだやる？
神であるぞ！

①犬を首だけ出して地面に埋め、飢えさせる。

②餌を見せ、飢えが絶頂になったとき首を斬る。

③四辻に埋め、多くの人に踏ませる。

④掘り出して呪物として祀る。これで犬神はその人のものとなる。

No.059

陰陽道の式神と呪殺

平安時代の陰陽師たちは、式神を呪物に憑依させ、それを敵対者の家の床下などに埋めることで、敵対者を病気にしたり殺したりすることができた。

●陰陽師たちが使役した式神の正体は？

式神とは平安時代の陰陽師たちが自由に操った鬼神（恐ろしい神霊）である。人や動物、あるいは妖怪変化などさまざまな姿を取ることがあるが、目に見えないこともある。陰陽師は式神を呪詛にだけ使役するのではないが、呪詛に利用する場合は、式神は呪物と一緒に用いられた。つまり、ある物に式神を憑依《ひょうい》させることで、呪物ができるのである。このとき利用される物は土器、**切紙**、頭髪、餅など何でもよかった。

『宇治拾遺物語』（巻十一ノ三続「晴明蛙を殺す事」）に次のような話がある。平安時代の官人陰陽師・安倍晴明がある僧侶の屋敷に行ったとき、同席していた若い僧たちが「あなたは式神が使えるそうだが、たちまちのうちに人を殺せるのですか？」と質問した。晴明は「簡単にはできませんが、少し力を入れれば殺せます。虫ならば簡単です」と答えた。すると、僧たちが「それなら池のほとりにいる蛙を一匹呪殺してくれ」と言い出したので、晴明はいやいやながら草の葉を摘み取り、呪文を唱えてから蛙の方に投げかけた。すると、草の葉が乗ったと思うや、蛙がペシャンコにつぶれてしまった。つまり、草の葉に式神が憑依して蛙を殺したのである。このため見ていた者はみな肝をつぶしたという。

しかし、これは一般的なやり方ではない。陰陽師たちが式神の憑いた呪物を使う場合の最も一般的なやり方は、呪物を地面に埋めるというものだった。埋める場所は呪詛の標的となる人物が寝起きする家屋の床下や井戸の底、あるいはその人物が出かけていく寺院などの境内のどこかである。そうすることで、その人物がやって来たときに式神が動きだし、その人物に呪詛をかけることになるのである。その結果として、その人物は病気になったり、命を落としたりすることになるのだ。

陰陽道の式神と呪殺

式神 → 陰陽師が操る鬼神のこと
↓
人、動物、妖怪変化などさまざまな姿になる

式神と呪物

式神を呪詛に用いる場合は、式神を物に憑依させ、呪物として用いる。
式神
憑依
物
土器
切紙
餅
髪
呪物

呪物の一般的使い方

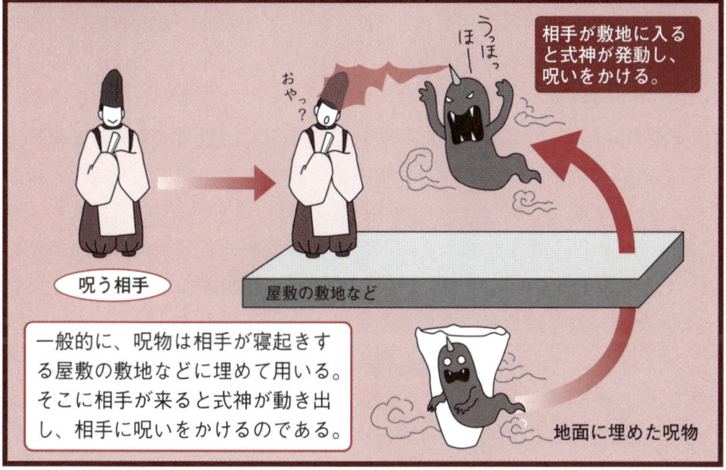
相手が敷地に入ると式神が発動し、呪いをかける。
うっほっほー
おやっ?
呪う相手
屋敷の敷地など
地面に埋めた呪物
一般的に、呪物は相手が寝起きする屋敷の敷地などに埋めて用いる。そこに相手が来ると式神が動き出し、相手に呪いをかけるのである。

用語解説

- **切紙**→紙を切って何かの形にしたもの。
- **『宇治拾遺物語』**→13世紀前半頃に成立した日本の説話物語集で、『今昔物語集』と並ぶ説話文学の傑作とされる。

No.060

式神返しの呪詛

たとえ敵の陰陽師から式神の呪詛を仕掛けられても、式神返しの呪詛を知っていれば、送られてきた式神を送り返し、敵を殺すことができた。

●送り出した陰陽師自身を襲ってくる式神

陰陽師は式神を使って標的を呪詛することができたが、標的となった人物にも対抗手段はあった。それは、より優れた陰陽師に依頼し、敵の陰陽師が仕掛けてきた式神を打ち返すことである。こうして敵の呪詛を阻止できれば、仕掛けられた式神は敵の所へ帰っていき、その陰陽師自身が、自分が仕掛けた式神によって殺されることになるのである。

『宇治拾遺物語』（巻二ノ八「晴明蔵人《くろうど》少将《しょうしょう》封ずる事」）にまさにそのような物語がある。あるとき蔵人所の役人で近衛少将だった人が内裏《だいり》（天皇居住区）に参ろうとしたところ、その上にカラスが飛んできて糞を仕掛けた。その様子を安倍晴明が見て、「若く立派な人なのに呪詛を受けたのだろう、このカラスはまさに式神だ」と見抜いた。そこで晴明はすぐにも歩み寄り、少将は式神の呪詛を受けたので放っておけば命が危ないと説明した。少将は驚いて何とか助けてほしいというので、晴明は少将とともにすぐにもその私宅を訪ねた。そして晴明は少将を抱きかかえ、身固めの法をして、一晩中呪文を唱えながら加持祈祷を続けた。その明け方、人が訪ねてきた。それは少将を呪詛した陰陽師からの使いの者で次のように事情を説明した。実は少将には蔵人の五位の地位にある**相婿**《あいむこ》がおり、同じ家に住んでいたが、家では少将の方ばかり目にかけ、相婿の方は見下げられていた。それを恨んだ相婿が陰陽師に依頼し、式神を使って少将を呪い殺そうとしたのだが、晴明が祈ったために式神が帰ってきて、いまやその陰陽師自身が式神に打たれて死にそうだというのだ。そして、これはその後わかったことだが、その陰陽師はそのまま死んでしまったのである。

このように優れた陰陽師は、呪詛された者を守る身固めの法によって式神を打ち返し、呪詛を仕掛けた陰陽師を殺すこともできたのである。

式神返しの呪詛

式神返し → 敵が仕掛けた式神を敵に送り返す魔術

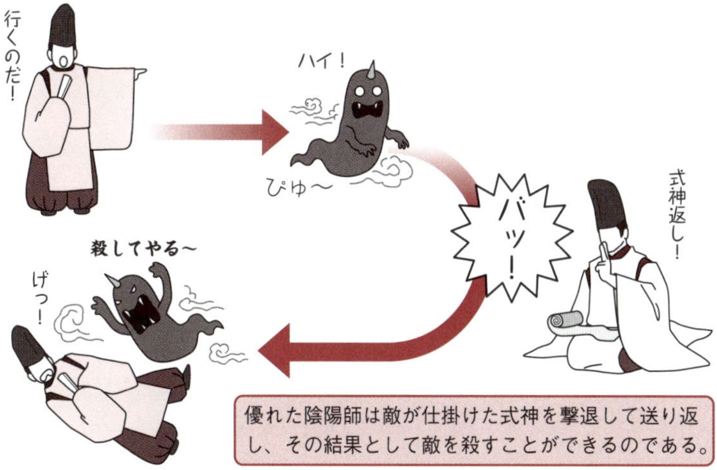
行くのだ!
ハイ!
ぴゅ〜
バッ!
式神返し!
殺してやる〜
げっ!

優れた陰陽師は敵が仕掛けた式神を撃退して送り返し、その結果として敵を殺すことができるのである。

●安倍晴明の身固めの法

身固めの法 →
- 人の身の安全を祈願する護身の呪術
- 式神から防御することで、式神返しとなる

わあ、近づけないよ〜!

式神を仕掛けられた人を抱きかかえ、一晩中呪文を絶やさず、加持祈祷をし続ける。夜明けまで守れば、式神は撃退され、その結果が式神返しとなるのである。

用語解説

●**相婿**→妻同士が姉妹の場合の夫。

No.061

いざなぎ流「厭魅」の法

古代陰陽道の流れを汲み、高知県の僻村にいまも伝えられている民間宗教・いざなぎ流の呪いの人形は、一年の月々で異なる材料を用いる。

●古代陰陽道の流れを汲む「わら人形」の呪詛

いざなぎ流の厭魅《えんみ》の法は人形を用いて人を呪《のろ》う呪詛《じゅそ》法のひとつである。

いざなぎ流は高知県香美《かみ》郡物部《もののべ》村に伝承されている民間宗教で、古代の陰陽道の流れを汲むとされているものである。

人形を用いた呪詛法は数多いが、いざなぎ流の特徴は一年の月々で人形の材料が異なる場合があるということである。

具体的には、正月は松、2月は茅萱《ちがや》、3月は桃花、4月は麦藁、5月は青葉、6月は卯の花、7月はソオハギ（萩）、8月は稲葉、9月は菊の花、10月はカラシナ、11月は白紙、12月は氷である。

ただし、これらの材料は不可欠というわけではないようで、そのかわりとして一般的な藁人形で代用してもいいのである。

人形を責める方法には「杣《そま》法」「天神法」「針法」の3種類がある。

杣法は、大工が木材に線を引くときに使う墨壷の墨糸を弓の弦にし、下に置いた人形に先の尖った小さな矢を射かけるもの、天神法は金床の上に人形を置き、金槌で叩くもの、針法は金槌で人形に針や釘を打ち込むものである。人形を責める前には、地面に頭をこすりつけながら、また天を仰ぎながら、「我はよかれ、○○（敵の名）は悪しかれ、その子孫は絶えいけ」と大きな声で繰り返す。その上で、憎しみを込め、何度となく、執拗に、人形を責めさいなむのである。

こうすることで、憎い標的を呪い殺すことができるばかりか、その子孫にまで苦しみを与えられるのである。

しかし、もしも呪われた者が、呪った者よりも強力な呪力を持った祈祷師を雇って呪詛返しをした場合、仕掛けた呪いは倍になって帰ってくるので注意が必要である。

いざなぎ流「厭魅」の法

いざなぎ流厭魅の法 → 人形を用いた呪詛法

いざなぎ流とは → 高知県に伝承されている民間宗教だよ

●各月ごとに決められた人形の材料

いざなぎ流厭魅の法では、各月ごとに人形の材料が下の表のように決まっているよ

1月	松	2月	茅萱	3月	桃花	4月	麦藁
5月	青葉	6月	卯の花	7月	ソオハギ	8月	稲葉
9月	菊の花	10月	カラシナ	11月	白紙	12月	氷

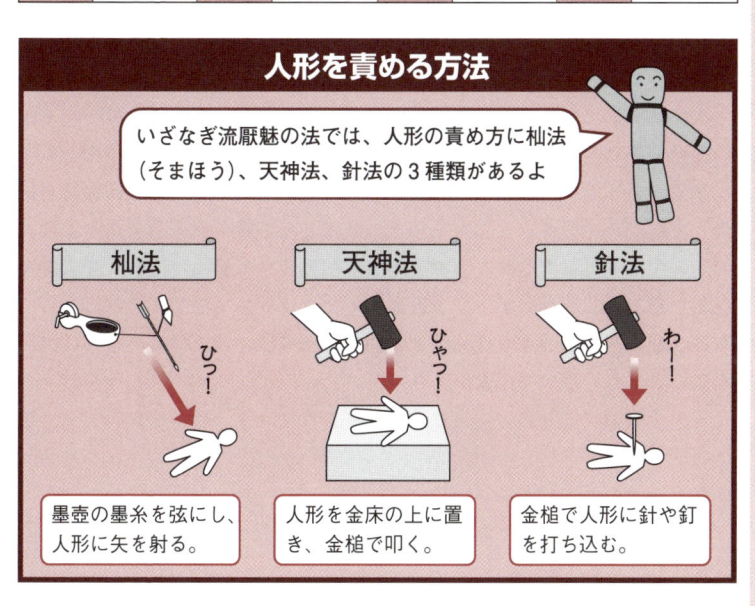

人形を責める方法

いざなぎ流厭魅の法では、人形の責め方に杣法(そまほう)、天神法、針法の3種類があるよ

杣法

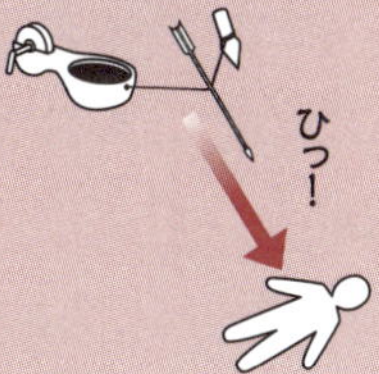

墨壺の墨糸を弦にし、人形に矢を射る。

天神法

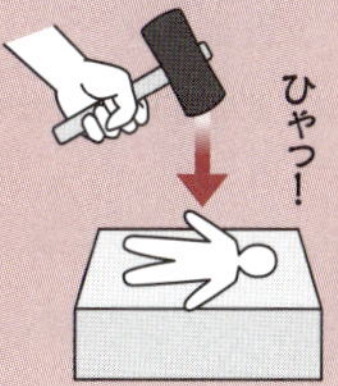

人形を金床の上に置き、金槌で叩く。

針法

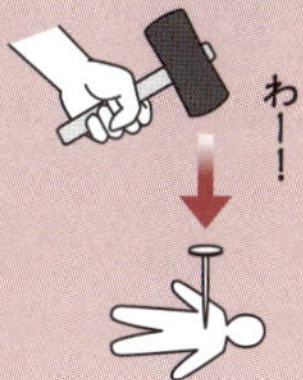

金槌で人形に針や釘を打ち込む。

No.062

摧魔怨敵法

摧魔怨敵法は主に国家や一族を滅ぼすために行われた密教魔術の中でも強力な呪法だが、時には一個人を呪殺するためにも用いられた。

●多数の神々の力で敵対国家や一族を滅ぼす

摧魔怨敵法《さいまおんてきほう》は主に敵対する国家や一族を滅ぼすために行われる、密教の魔術の中でも強力な部類の呪法である。時として一個人を呪殺するためにも行われるもので、またの名を転法輪法という。空海によって中国から輸入された『転法輪菩薩摧魔怨敵法』を典拠とし、真言宗**東密**二流のうちの小野流の始祖・仁海《じんかい》（951～1046年）によって初めて実践されたという。保元の乱（1156年）のときには、後白河天皇の命令で実践され、敵対する崇徳上皇の勢力を打ち破ったとされている。

この儀式を行うにはまず、転法輪筒と呼ばれる高さ18cm、直径4cmの円筒を作る。転法輪筒の材料は苦練木《くれんぼく》（ニガキ）が理想だが、桐や竹、金《こん》銅《どう》製でもよいという。

次に、呪詛に用いる敵対者の紙人形を用意する。この紙人形は、頭や腹の部分を不動明王に踏ませたあとで、その部分に敵の氏名を書いておく。

準備が整ったら、調伏用の三角炉を置いた護摩壇の中央に転法輪筒を配置して儀式を始める。安悉香《あんしつこう》を焚き、滅ぼしたい敵の紙人形を折りたたんで筒の中に入れる。それから、摧魔怨敵法の本尊に祈って**十六大護《じゅうろくだいご》の神々**などを勧請し、観想によって多数の神々と一体化して敵を討ち滅ぼすのである。摧魔怨敵法の本尊は弥勒菩薩、大威徳明王、降三世明王など諸説あるが、いずれを用いてもよいとされている。

神々を召喚するための真言は「ノウマクサマンダ・ボダナン・アク・サンバタラ・パラ・チカタ・ボタギャタンクシャ・ボウジシャリヤ・ハリホーラキャ・ソバラ」である。

以上で儀式は終わりであり、儀式のあとは人形を取り出し、三角炉に入れて焼却するのである。

摧魔怨敵法 ➡

・国家や一族を滅ぼすための強力な呪法
・個人の呪殺に使うこともできる

摧魔怨敵法の使い方

摧魔怨敵法は以下のように行うとされている。

①転法輪筒を作る。

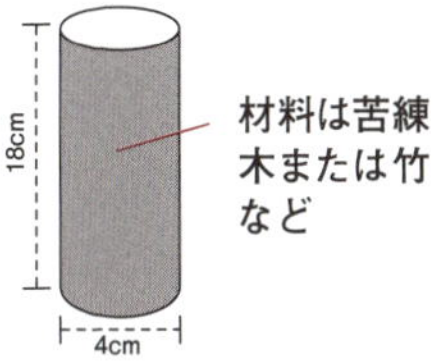
18cm
4cm
材料は苦練木または竹など

②敵の紙人形を作る。

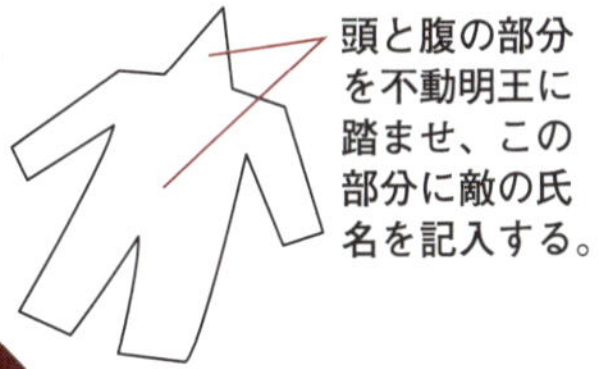
頭と腹の部分を不動明王に踏ませ、この部分に敵の氏名を記入する。

③護摩壇に三角炉と転法輪筒を配置する。

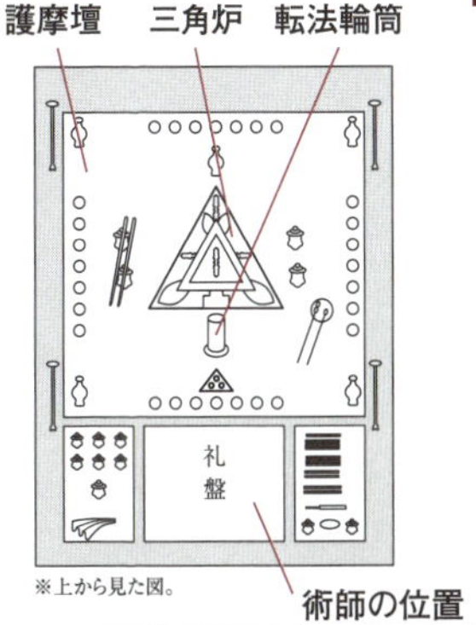
護摩壇
三角炉
転法輪筒
礼盤
※上から見た図。
術師の位置

④安悉香を焚き、敵の紙人形を筒の中に入れ、十六大護の神々などを勧請し、観想によって神々と一体化して敵を打ち滅ぼす。

滅びよ！
お助け～！

用語解説

●**東密**→真言宗の密教のこと。空海が東寺を本拠としたのでこう呼ばれる。平安時代中期に広沢流と小野流の二流に分かれた。

●**十六大護の神々**→国家の守護神とされる毘首羯摩（びしゅかつま）、劫比羅（ごうびら）、法護（ほうご）などの16の神々。

No.063

六字経法

六字経法は天狐、地狐、人形の形をした三類形を調伏炉で燃やして行う密教の黒魔術で、平安時代の皇族や貴族の権力闘争でしばしば用いられた。

●天狐・地狐・人形の像を燃やして呪う黒魔術

六字経法《ろくじきょうほう》は六字明王を本尊とし、憎い敵を呪い殺すために行う密教の呪法である。六字明王のかわりに、六観音（聖、千手《せんじゅ》、馬頭《ばとう》、十一面、准《じゅん》胝《てい》、如意輪《にょいりん》の六観音）や聖観音を本尊とすることもある。平安時代の皇族や貴族の権力闘争でしばしば用いられたが、12世紀前半には、興福寺の勢力と対立した鳥羽上皇が、六字経法の実施を配下の者に命じ、敵を呪わせたという記録が残っている。

やり方は次の通りである。六字明王を本尊とするならば六字明王の図像を掛け、その前に護摩壇と調伏用の三角形の護摩炉を設置する。調伏用の護摩木（若木・木の根など）を炉の中で燃やす。六字明王の真言「オン・ギャチギャチ・ギャビチ・カンジュカンジュ・タチバチ・ソワカ」を繰り返し唱えて本尊を招く。

あらかじめ、天狐（トビ）、地狐（犬）、人形（呪う相手）の形をした三類形を、各7枚、合計21枚容器に用意しておき、真言を唱えながら護摩炉にくべて焼く。三類形にはすべて呪いたい相手の姓名を墨で書いておく。焼いた灰は容器の中に取り、保存する。護摩壇の上に弓矢を用意しておき、葦の矢を東、南、西、北、上、下の順に六方に射る。以上が一日分の儀式で、これを7日間行う。そのあとに呪詛の依頼主に三類形を焼いた灰を送り、湯で解いて飲んでもらうのである。

これですべての儀式は終わりであり、あとは敵が死ぬのを待つばかりなのである。

ここで述べた六字経法は真言宗のものだが、天台宗にはこれに対抗するために発明された「六字河臨法」という呪法がある。これは船の上で六字経法を行うもので、三類形を川に投げ込んで敵を呪い殺すのである。

六字経法

六字経法

・六字明王を本尊とした密教の呪殺術
・平安時代の権力闘争で多用された

六字経法の儀式で必要な主要呪具

六字経法の儀式で必要とされている主な呪具は以下のようなものである。

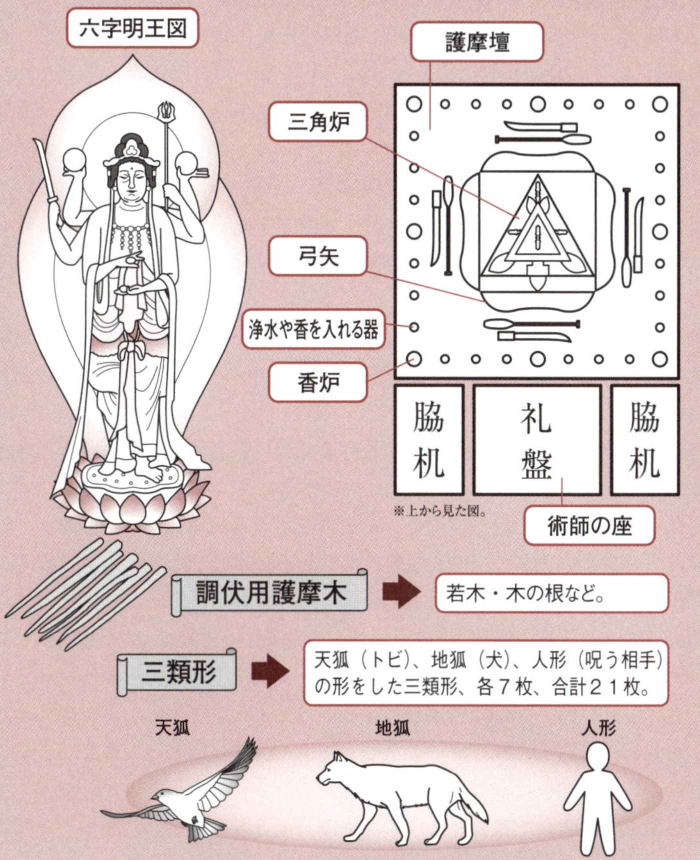
六字明王図
護摩壇
三角炉
弓矢
浄水や香を入れる器
香炉
脇机
礼盤
脇机
※上から見た図。
術師の座
調伏用護摩木
若木・木の根など。
三類形
天狐（トビ）、地狐（犬）、人形（呪う相手）の形をした三類形、各７枚、合計２１枚。
天狐
地狐
人形

No.064

大威徳明王の調伏法

大威徳明王の調伏法は戦勝祈願や悪魔降伏などを目的としてよく用いられたが、一個人の呪殺にも応用可能な恐ろしい黒魔術ともなった。

●悪人を呪殺し、男女を離反させる密教の秘儀

大威徳明王《だいいとくみょうおう》は五大明王の一尊とされる密教の神である。六つの顔、18個の目、6本の腕、6本の足を持ち、水牛に乗った姿の像がよく知られている。五大明王の中でもとりわけ恐ろしい神であり、その調伏法は戦勝祈願や悪魔降伏などを目的としてよく用いられた。たとえば、**平将門**が東国で乱を起こしたとき、京都八坂の法観寺の浄蔵が大威徳明王法を行った。その結果として、平将門の乱は瞬く間に鎮圧されたといわれているのである。

しかし、大威徳明王の調伏法は人間を呪殺するのにも応用可能なもので、その意味で恐るべき黒魔術となるのである。

人間を呪殺する場合のやり方は以下の通りである。まず、護摩壇を南向きに作り、その上に調伏用の正三角形の護摩炉を配置する。護摩壇の前に大威徳明王の図像を掛ける。

続けて以下の儀式を行う。大独鈷印《だいとつこいん》を結び、真言「オン・シュチリ・キャラロハ・ウンケン・ソワカ」を1万回唱える。

終わったら粘土で敵に似せた人形を作り、護摩壇に仰向けにする。

適当な長さの先端の尖った杭を5本用意し、動物の糞を塗りつける。

杭の2本を人形の左右の肩に、2本を両脛《すね》に打ち込む。残りの1本は心臓に打ち込む。1本刺すごとに真言を108回ずつ唱える。

再び護摩壇の前に座し、安悉香《あんしつこう》を焚き、真言を1万回唱える。

こうすれば憎い相手は口から血を吐いて死ぬのである。

しかし、もしもこれだけのことをしても十分でないと思えるなら、杭を打ちつけた人形を金槌で粉々に打ち砕くのがいい。そのあとで、粉々の人形を護摩炉に入れて焼き尽くすのである。そうすれば憎い相手は一層確実に死ぬのだという。

大威徳明王の調伏法

大威徳明王法 →
・戦勝祈願、悪魔降伏の呪法
・個人の呪殺にも有効

↓

平将門の乱の鎮圧にも用いられた

大威徳明王法で個人を呪殺する方法

大威徳明王法で個人を呪殺する方法は以下の通りである。

①調伏用の護摩壇を設置し、その前に大威徳明王図を掛ける。

↓

②大独鈷印を結び、真言「オン・シュチリ・キャラロハ・ウンケン・ソワカ」を1万回唱える。

↓

③敵に似せた粘土人形に、動物の糞を塗った杭を５本打ちつける。

↓

④護摩壇の前に座し、安悉香を焚き、真言を１万回唱える。

↓

以上で憎い相手は口から血を吐いて死ぬという。

大威徳明王

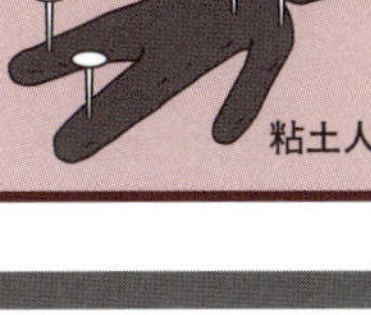
粘土人形

用語解説

●**平将門**→桓武天皇の血を引く平安時代中期の関東の豪族で、東国の独立を標榜して反乱を起こし、朝廷と対立した。

No.065

降三世明王の調伏法

憎い相手を単純に殺すだけではなく、恐怖と不安で苦しめたり、病気にして苦しめたり、仮死状態にしたりすることのできる密教の呪法。

●憎い敵を恐怖と不安で苦しめて呪殺する

降三《ごうざん》世《ぜ》明王《みょうおう》の調伏法は、憎い相手を単純に殺すだけではなく、恐怖と不安で苦しめたり、病気にして苦しめたり、仮死状態にしたりすることのできる密教の呪法である。降三世明王は大威徳明王と同じく五大明王の中の一尊で、三つの顔と8本の腕を持ち、髪の毛を炎のように逆立てた恐ろしげな姿をした明王である。一説に、大日如来の化身ともいわれる。

降三世明王の調伏法を行うには、次のような準備をしておく必要がある。すなわち、49日間、五穀（米・麦・粟《あわ》・豆・黍《きび》）と塩を断ち、「オン・ソンバ・ニソンバウン・バアラ・ウンハッタ」という降三世明王の真言を10万回唱える。こうして身を清めることで、神の加護が得られるからである。そして、調伏用の護摩壇を南に向けて設置し、その前に降三世明王の図を掛ける。それから、目的に応じて次の儀式を行うのである。

憎い相手を恐怖と不安で苦しめるなら、刺のある木を用意し、「オン・ソンバ・ニソンバウン・ギャリカンダギャリカンダウン・ギャリカンダハヤウン・アナウヤコクハギャバン・バザラ・ウンハッタ」と唱え、木を焼く。これを324回行うのである。

敵を病気にしたいなら、調伏用護摩壇を作った後、根本真言「オン・アビラウンケン・ソワカ」を1080回唱える。そして、赤黒二種の芥子《けし》を1080粒焼きながら敵の名を唱えればよい。

敵を殺したいときには、炉の中に敵に似せて作った人形とその氏名を書いた紙を入れ、真言を108回唱えながら必ず呪殺すると念じる。それから、砂をつまんで人形に投げつけ、最後に燃やしてしまう。こうすることで敵は死んだようになり、特別な方法で蘇生させない限りはやがて本当に死んでしまうのだという。

降三世明王の調伏法

降三世明王の調伏法 ➡

- 憎い相手を呪殺する呪法
- 恐怖と不安で苦しめたり、病気にしたり、仮死状態にすることもできる

降三世明王とは?

- 大威徳明王と同じく五大明王の中の一尊。
- 三つの顔と8本の腕を持ち、炎のように逆立った髪の毛を持つ。
- 大日如来の化身ともいわれる。

降三世明王の呪殺法

敵を呪殺する降三世明王法は以下のように行うとされている。

①49日間、五穀（米・麦・粟・豆・黍）と塩を断ち、降三世明王の真言「オン・ソンバ・ニソンバウン・バアラ・ウンハッタ」を10万回唱え、身を清める。

↓

②調伏用の護摩壇を南に向けて設置し、その前に降三世明王の図を掛ける。

↓

③調伏用三角炉の中に敵に似せて作った人形とその氏名を書いた紙を入れ、真言を108回唱えながら必ず呪殺すると念じる。

↓

④砂をつまんで人形に投げつけ、最後に燃やしてしまう。

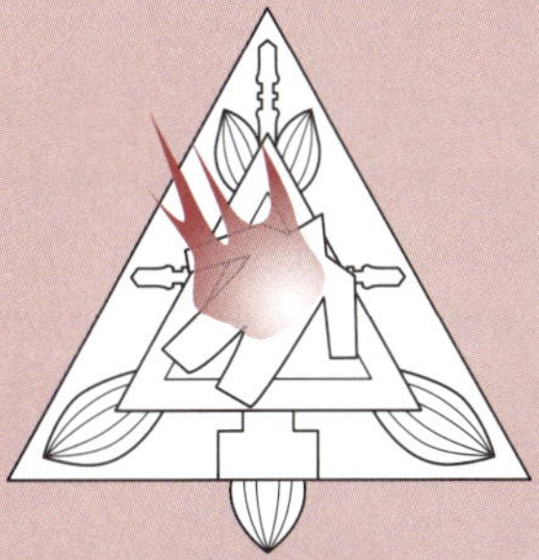

調伏用三角炉

No.066

毘沙門天の呪殺法

毘沙門天の呪殺法は、権力に反逆する者や極悪な犯罪者に対して大きな力を発揮するが、相手に応じて儀式を変化させる必要がある。

●毘沙門天の図像を自ら描いて呪詛する

毘沙門天《びしゃもんてん》の呪殺法は、毘沙門天を本尊として憎い相手を呪殺する密教の呪法である。権力に反逆する者や極悪な犯罪者に対して大きな力を発揮するが、相手に応じて儀式を変化させるという特徴がある。毘沙門天は多聞《たもん》天《てん》とも呼ばれ、仏教の守護神を代表する四天王の一尊であり、北方を守護する武神である。

毘沙門天の呪殺法のやり方は次のようなものである。まず、左手に三叉の戟《げき》を持ち、右手を腰に当てた毘沙門天の姿を自分自身で描く。また、毘沙門天のそばに付き従う哪吒《なた》太子と、足元に座した夜叉を描く。

誰にも見られない地を選んで護摩壇と三角形の調伏炉を設置し、その前に毘沙門天の図像を掛ける。調伏壇には種々の花を飾り、清潔な衣服を身にまとって香を焚く。

呪殺の儀式は、月が欠けて完全に見えなくなった夜に開始する。憎い敵を打ち破る呪詛の陀羅尼（呪文）「オン・チシャナベイシラ・マドヤマカラシャヤヤクカシャ・チバタナマクバガバテイマタラハタニ・ソワカ」を30万回唱える。それから香を焚いて尊像を供養する。

これ以降は呪詛する相手によって異なる儀式を行う。

国家への反逆者を呪殺する場合には、松葉を三角炉で燃やす。それから、「バザラチシツバン」と唱えながら、想像の世界に入り、敵の頭部と心臓に金剛杵《こんごうしょ》を打ち込むのである。

暴力的な極悪人を呪殺するには、調伏の呪文を唱えながら苦練木《くれんぼく》を三角炉で燃やす。さらに、苦練木を煮た汁に黄土を混ぜて敵の人形を7体作り、胴体に呪詛する相手の名を書く。この人形を一日一体ずつ、火中に投じて燃やせばいいのである。

毘沙門天の呪殺法

毘沙門天の呪殺法 ➡ 毘沙門天を本尊として敵を呪殺する

⬇

権力に反逆する者や極悪な犯罪者に絶大な力

毘沙門天の呪殺法の手順

毘沙門天の呪殺法は
以下の手順で行うとされている。

①自分自身で毘沙門天の図像を描く。

⬇

②誰にも見られない場所に調伏用の護摩壇を設置し、その前に毘沙門天図を掛ける。

⬇

③月が欠けて完全に見えなくなった夜、儀式を始める。呪詛の陀羅尼を30万回唱えて、尊像を供養する。

⬇

④反逆者を呪殺する場合、松葉を三角炉で燃やし、金剛杵で敵を滅ぼす場面を観想する。

⬇

⑤極悪人を呪殺する場合、苦練木を燃やし、敵の人形7体を、一日に一体ずつ火中に投じて燃やす。

毘沙門天像。座しているのは夜叉。
従っているのは哪吒太子。

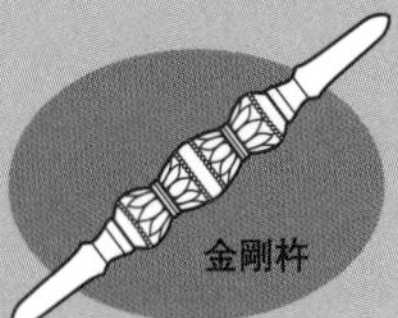

苦練木＝茨のような刺のある
木や臭気のある木。

No.067

鬼子母神の呪詛法

愛の獲得、修復、縁結びなどに力があるとされる鬼子母神の歓喜母法の中にある、邪悪な敵を滅ぼすための恐るべき呪詛法とは。

●人の子を貪り食った夜叉のごとき黒魔術

鬼子母神《きしもじん》はインド名を訶利《かり》帝といい、別名を訶利帝母、歓喜母《かんぎも》などという神である。もとは人の子を奪って食っていたという恐ろしい夜叉だったが、ブッダに戒められて仏法に帰依し、幼児の守護神になったという神である。このような神なので、その名を冠した密教の歓喜母法は、普通は愛の獲得、修復、縁結びなどに力がある魔術とされている。

ところが、そんな鬼子母神の歓喜母法の中にも恐るべき黒魔術となる調伏の呪詛も含まれている。それは常にこちらを脅かして止まないような、とてつもなく邪悪な敵を滅ぼすためのものである。しかも、ただ滅ぼすのではない。敵の家族全員が狂乱状態になり、互いに憎み合い、罵り合い、殴り合い、ついには殺し合って死に絶えてしまうような状況を引き起こすという恐ろしい呪詛である。

この魔術儀式は次のように行う。まず、墓場などから人間の頭蓋骨を1個盗み出す。生きていたとき、できるだけ凶暴で嫉妬深かった人間のものがいいという。この頭蓋骨に対し、被甲の印契を結び、鬼子母神の陀羅尼(呪文)「ノウモラチノウチラヤ・ダモガリチエイ・マカヤキャシテイ・(中略)・バリバテイ・ネイチラカッチ・サツバキツバカラダエイ・ソワカ」を21回唱える。その後、頭蓋骨を憎き敵対者が住む屋敷のどこかに隠してしまう。これだけで、敵の一家に恐ろしい状況が引き起こされるのだ。

しかし、呪詛された敵があまりの恐ろしさに音を上げ、心を入れ替えて許しを乞うてきたときは、呪詛を解いてやるのが大切な心構えとされている。呪詛を解くのは鬼子母神の呪文を21回唱えたあと、敵の屋敷に隠した頭蓋骨を回収し、元あった場所に返してやればよい。これで、敵は呪いから解放されるのだ。

鬼子母神の呪詛法

鬼子母神の呪詛法 ➡ 敵の家族全員を憎み合わせ、殺し合わせる恐ろしい黒魔術

鬼子母神の呪詛法の儀式

鬼子母神の呪詛法は
以下のように行うという。

①凶暴で嫉妬深かった人間の頭蓋骨を1個用意する。

⬇

②頭蓋骨に対し被甲の印契を結び、鬼子母神の陀羅尼を21回唱える。

⬇

③頭蓋骨を敵が住む屋敷のどこかに隠せば、敵の一家に恐ろしい状況が引き起こされる。

⬇

④呪詛を解くには鬼子母神の呪文を21回唱え、敵の屋敷に隠した頭蓋骨を回収し、元の場所に戻す。

鬼子母神
子授け・安産・子育て・夫婦和合などの利益があるとされている。

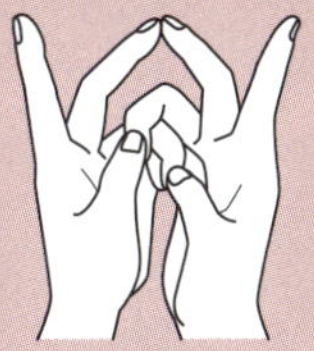

被甲の印契

鬼子母神の陀羅尼

ノウモラチノウチラヤ・ダモガリチエイ・マカヤキャシテイ・アボキャエイ・サツチエイハジネイ・ボタバリヤエイ・ジャダカリニエイ・ハンサホチラ・シャタハリバエイヒリカラエイ・バキャタサバサチバ・ノウバソキリタエイ・バキャバンカリチエイ・キリタイヤバベイタイシャメイ・ボタテイジャバニチ・サバラタエイ・バガバンホララキシャシ・バガバンモシタシ・ハラホチラ・ビキンノウビノウヤカ・ボリハサンバニタトラダラ・マンチラバダホダラ・カラシャエイ・チニヤタ・シバタイ・バリバテイ・ネイチラカツチ・サツバキツバカラダエイ・ソワカ

No.068

九字法

日本で最も普及している呪法のひとつで、修験道や陰陽道を中心に伝わる九字法には、九字印を結ぶものと、四縦五横印を切るものと二種類がある。

●調伏法としても活用できる修験道の護身法

九字法《くじほう》は日本で最も普及している呪法のひとつで、修験道や陰陽道を中心に伝わるものである。中国の道教に由来するもので、4世紀の葛洪《かっこう》著『抱《ほう》朴子《ぼくし》』に「六甲秘呪」という魔除けの呪文があり、「臨 兵 闘者皆陣列前行《りんぴょうとうしゃかいじんれつぜんぎょう》」という九字を唱えるとされている。つまり、もともとは護身法だったのだが、日本に入ってきてから、護身法としてだけではなく、怨敵を滅する有力な調伏法としても使用されるようになったのである。

日本の九字の呪文は『抱朴子』のものとは少し異なっている。また、宗派によっても使用される文字は多少異なっているが、修験道では「臨 兵《りんぴょう》闘者皆陳列在前《とうしゃかいちんれつざいぜん》」の九字が使用される。

九字の方法には九字印を結ぶものと、四縦五横印を切るものと二つある。

九字印を結ぶ場合は、九字を一字一字唱えながら、それぞれの文字に対応する印を結んでいくのである。印は順番に、金剛鈷印《こんごうこいん》（独鈷印《とっこいん》）、大金《だいこん》剛輪印《ごうりんいん》、外獅子《げしし》（外師子）印、内獅子《ないしし》（内師子）印、外縛《げばく》印、内縛《ないばく》印、智《ち》拳《けん》印、日輪（日光）印、宝瓶《ほうびょう》（隠形《おんぎょう》）印である。

四縦五横印を切るものは、刀印宝あるいは早九字とも呼ばれるが、二本指を立てた剣印を結び、九字を一字一字唱えながら、横、縦、横…と、素早く虚空を格子状に切るのである。つまり、「臨」と唱えて横、「兵」と唱えて縦、「闘」で横…という具合である。

どちらの場合も、憎い相手に向けて九字を行うことで、自分の思念を相手に送り込み、相手の状態を悪化させることができるとされている。

九字を使って相手を呪ってしまってから、呪いを中止したくなった場合は、「チンキリキャハ・ハラハラ・フヨランバ・ソワカ」という真言を3回唱えればよいという。

九字法

九字法 ➡
- 中国伝来の九字の呪文を使った呪法
- もとは護身法だが、調伏法にも用いられる

九字の呪文とは?

臨 兵 闘 者 皆 陣 列 在 前

九字法の方法

九字法の方法は九字印を結ぶものと、四縦五横印を切るものと二つある。

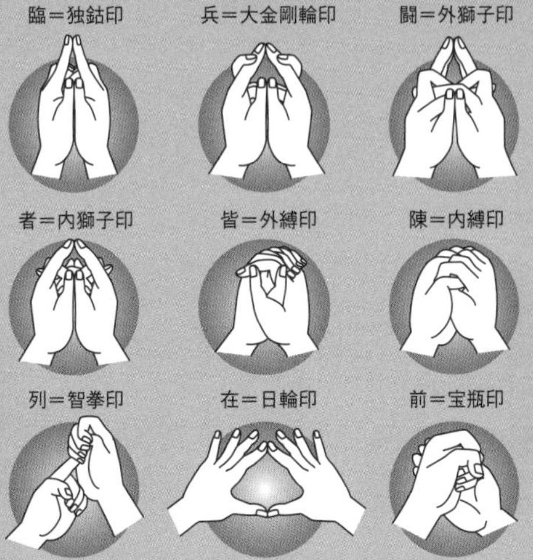
臨＝独鈷印
兵＝大金剛輪印
闘＝外獅子印
者＝内獅子印
皆＝外縛印
陣＝内縛印
列＝智拳印
在＝日輪印
前＝宝瓶印

九字印を結ぶ方法

九字を一字一字唱えながら、それぞれの文字に対応する印を結ぶ。

四縦五横印を切る方法

二本指を立てた剣印を結び、九字を一字一字唱えながら、横、縦、横…と、素早く虚空を格子状に切る。

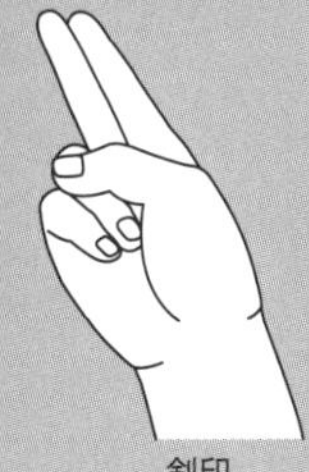
剣印

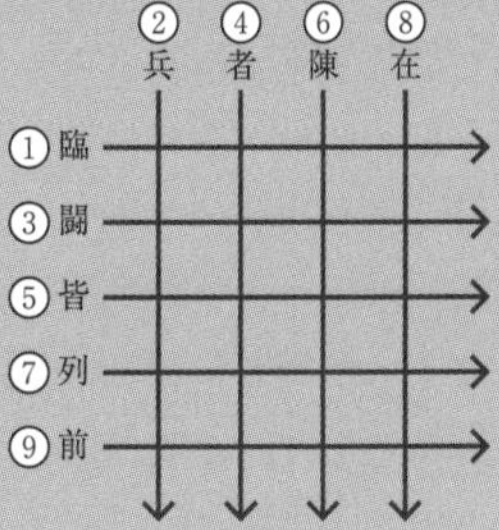
②兵
④者
⑥陣
⑧在
①臨
③闘
⑤皆
⑦列
⑨前
四縦五横印の手順

No.069

摩利支天隠形法

摩利支天隠形法はどんな敵からも身を守れる護身法だが、敵を調伏するための摩利支天神鞭法と組み合わせることで、最強の黒魔術が完成する。

●絶対に安全な黒魔術を実現する摩利支天

摩利支天《まりしてん》は陽炎《かげろう》の神であり、その姿は誰にも見ることはできず、それゆえに敵の攻撃を受けることもなく、不死身だとされている神である。このため、摩利支天は隠形法《おんぎょうほう》（姿を消す術）の守護神とされており、忍者や武家の間で大いに崇拝されていた。

そんな摩利支天を祈念し、摩利支天と一体化することで、摩利支天の加護を得ようというのが修験道に伝わる摩利支天隠形法である。つまり、摩利支天隠形法とは、摩利支天を観想（イメージ）することで、摩利支天と同じ陽炎のような見えない存在となり、どんな攻撃からも身を守れるという護身法なのである。したがって、摩利支天隠形法はそれ自体では黒魔術とはいえない。しかし、摩利支天は九字法の本尊とされる神であり、怨敵や悪魔の調伏に絶大な力を持つ神でもある。そして、摩利支天神鞭法（No.070参照）という恐ろしい怨敵調伏法の本尊でもあるのだ。

それで、この摩利支天隠形法を、同じ摩利支天の神鞭法と組み合わせることで、一層恐ろしい黒魔術が完成するのである。なぜなら、これら二つの呪法によって、自分自身は絶対に攻撃されない安全な場所から、怨敵を攻撃して滅ぼすことができるようになるからである。

その方法は特別難しいわけではない。摩利支天隠形印を結び、摩利支天の真言「ナウマク・サンマンダ・ボダナン・オン・マリシエイ・ソワカ」を唱えながら、自分が摩利支天の身体の中に入り込み、摩利支天と一体化したとイメージする。こうすることで、自分自身が陽炎のような存在となり、誰にも悟られることなく、摩利支天神鞭法を使うことができるようになるというのである。ただし、隠形法は現実に姿を消す術ではなく、むしろ心の動揺を消す術だといわれている。

摩利支天隠形法

摩利支天の呪法

- **隠形法** → 自分の姿を見えなくする最強護身法
- **神鞭法** → 恐るべき調伏法

↓

二つを組み合わせることで、自分自身は絶対に攻撃されない安全な場所から、敵を攻撃して滅ぼす最強の黒魔術にできる

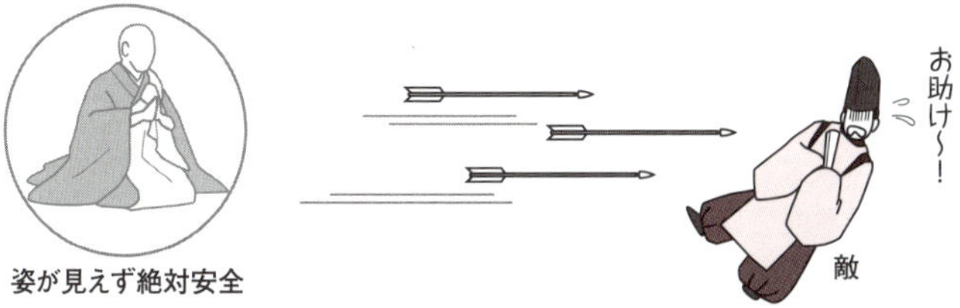

摩利支天隠形法のやり方

摩利支天隠形法は以下のように行うという。

①摩利支天隠形印を結び、摩利支天の真言「ナウマク・サンマンダ・ボダナン・オン・マリシエイ・ソワカ」を唱える。

↓

②同時に自分が摩利支天の身体の中に入り込み、摩利支天と一体化したとイメージする。

↓

③これで、絶対に安全な場所から摩利支天神鞭法を行う準備が整うという。

摩利支天隠形印

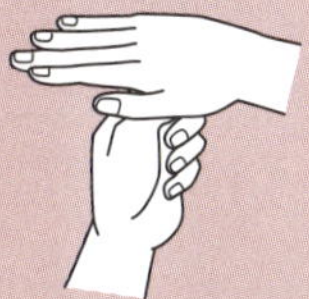

左手の親指を包み込み、右手で全体を隠す。

摩利支天

No.070

摩利支天神鞭法

修験道に伝わる摩利支天神鞭法は、紙に敵の名前を書いて棒状の鞭で突くという怨敵調伏法であり、最も基本的な方法の黒魔術である。

●円の中に敵の名を書いて鋭い棒で突きまくる

摩《ま》利《り》支《し》天《てん》神《じん》鞭《べん》法《ほう》は修験道に伝わる調伏法で、憎い敵や悪魔を破滅させるための呪法である。摩利支天は陽炎を神格化した神で、三面六臂の姿をしている。修験道で信仰されている神仏の中でもとりわけ恐ろしい本尊であり、とくに武士の守り神として信仰されてきた神である。

摩利支天神鞭法は、紙に敵の名前を書いて棒状の鞭で突くという、最も基本的な方法の黒魔術であり、やり方は非常にシンプルである。

まず、ヌルデの木の枝の先を削り、鞭を作る。ヌルデはウルシ科の植物で、山に行けばどこにでも生えているありきたりなものである。このヌルデの木を削って、長さが30～50cmの鞭を作るのである。

それができたら、鞭を墨に濡らし、紙の上に円を描く。円の中に摩利支天を象徴するマ字（𑖦）と自分の実名を書く。そして、摩利支天の真言「オン・マリシエイ・ソワカ」を唱えながら、自分が三足の烏（八《や》咫《た》烏《がらす》）になり、その烏がさらに摩利支天になったとイメージする。次にまた、円を描き、その中に「破敵」と書き、さらに呪いをかけたい相手の名前を書く。右手で鞭を取り、左手を握って腰に当て、敵の名を3度突く。そして「オン・マリシエイ・ソワカ」を1000回繰り返して唱えながら、鞭で敵の名前を突きまくる。終わったら紙を焼いて捨てる。この作業を百日ならば百日と期間を決め、毎日行う。こうすることで、憎い敵や悪魔を破滅させることができるというのである。

ところで、摩利支天神鞭法を実行する場合には、その前に必ず摩利支天隠形法（No.069参照）を実行しておくべきである。摩利支天隠形法は摩利支天と一体化することで自分の姿形を隠す術であり、自分がしていることを秘密にしておく効果があるからである。

摩利支天神鞭法 ➡ 武士の守り神・摩利支天の呪詛法

摩利支天神鞭法のやり方

摩利支天神鞭法は最も基本的な黒魔術で、やり方はシンプルである。

①ヌルデの木の枝の先を削り、鞭を作る。

⬇

②鞭を墨に濡らし、紙の上に円を描く。円の中に摩利支天を象徴するマ字𑖦と自分の実名を書く。

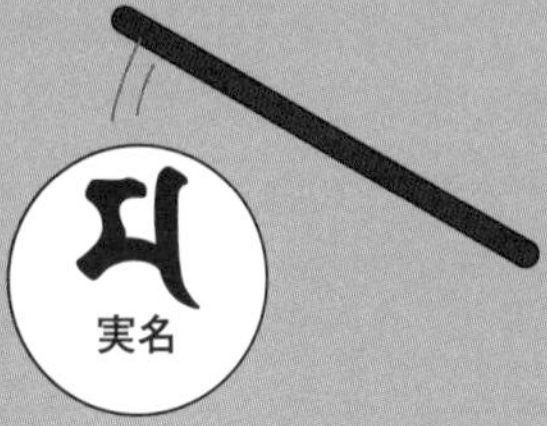

⬇

③摩利支天の真言を唱え、自分が三足の烏（八咫烏）になり、その烏がさらに摩利支天になったとイメージする。

⬇

④円を描き、その中に「破敵」と書き、さらに呪いをかけたい相手の名前を書く。

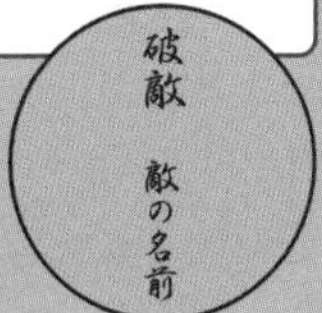

⬇

⑤右手で鞭を取り、敵の名を３度突く。そして「オン・マリシエイ・ソワカ」を1000回繰り返して唱えながら、鞭で敵の名前を突きまくる。

⬇

⑥この作業を100日間、毎日行えば、敵を滅ぼすことができるという。

武士の神としての摩利支天は武装して、イノシシに乗った姿で描かれた。

No.071

飯綱の法

飯綱の法は天狗や狐の霊を操って自らの願望をかなえてもらう魔術であり、敵を呪殺するというような邪悪な目的でも使うことができる。

●天狗や狐を飛ばして願望を実現する邪法

飯綱《いいづな》（飯縄）の法は天狗や狐の霊を操って願望をかなえてもらう修験道系の黒魔術である。なぜ黒魔術かといえば、願望の中には自らの敵を呪殺するというような邪悪な目的も含まれるからである。

飯綱というのは長野県北信地方にある山の名で、戸隠山、妙高山などとならぶ名山である。この山に飯綱権現という神がおり、飯綱法を授けてくれるといわれている。江戸時代の伝承によれば、1233年に伊藤《いとう》豊前守《ぶぜんのかみ》忠《ただ》縄《なわ》という者が飯綱山に登り、断食などをし、飯綱権現に祈って神通力を得たのが、飯綱の法の始まりだとされている。飯綱権現は白狐に乗り、剣と索（縄）を持った**烏天狗**の姿をした神で、上杉謙信や武田信玄などの武将にも熱心に信仰された武神としても有名である。

基本が自分の願望をかなえる呪法なので、飯綱法で実現できることは多岐にわたる。室町時代の武将・細川政元は飯綱法を修行して空中浮揚や飛行ができるようになったという。戦国時代の関白・九条《くじょう》稙通《たねみち》は輪袈裟《わげさ》を掛けて印を結び、真言を唱えて飯綱法を成就した。それからはどこで寝ても夜半になると屋根にフクロウが来て鳴くようになった。また、道を歩くと必ず前方につむじ風が起こったという。

飯綱法を使えるようになるためには厳しい修行が必要だが、その修行を成就すれば飯綱法を使うのは簡単である。そのためにはまず、飯綱六印法などの印形を結ぶ。六印とは仏教の地獄・餓鬼・畜生・人・阿修羅・天の六道に対応した印形のことである。それから観想によって、自分自身が飯綱権現と融合一体化し、飯綱六印に息を吹きかけながら、天狗や狐を飛ばして操る姿を強く、具体的にイメージする。これだけで、天狗や狐たちに自分の願望を成就させることができるのだという。

飯綱の法

飯綱の法 ➡ 天狗や狐の霊に願望をかなえてもらう術

飯綱法とは?

・長野県北信地方の飯綱山に住む飯綱権現が授けてくれる術。
・1233年に伊藤豊前守が飯綱山で飯綱権現に祈って神通力を得たのが、飯綱の法の始まり。
・飯綱権現は武神として、上杉謙信や武田信玄などの武将にも熱心に信仰された。

飯綱権現

飯綱法でできること

飯綱の法は願望をかなえる術なので黒魔術だけでなく、
あらゆる魔術に応用できるものである。

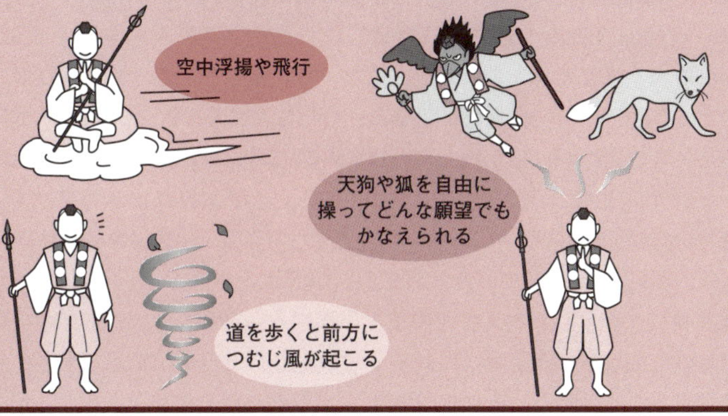
空中浮揚や飛行
天狗や狐を自由に操ってどんな願望でもかなえられる
道を歩くと前方につむじ風が起こる

用語解説

●**烏天狗**→普通の天狗と同じ山伏装束で、烏のくちばしと翼を持った天狗。

No.072

軍勝秘呪

軍勝秘呪は南九州の修験道に伝わる呪殺の秘法であり、人髪、人骨、人血、蛇皮、牛の頭、牛の血など、不気味な生贄が大量に使用された。

●南九州の島津家の兵道家・牧家の秘伝

軍勝《ぐんしょう》秘《ひ》呪《じゅ》は南九州の修験道に伝わる呪殺の秘法である。幕末の**島津藩**で、島津斉興《なりおき》の後継者の座を巡り、斉興の側室お由羅《ゆら》の子・久光と正室の子・島津斉彬《なりあきら》が争うというお家騒動が起こった。これがいわゆる「お由羅騒動」だが、この争いの中、久光側の者が斉彬やその子女を、軍勝秘呪を使って呪い殺そうとしたという伝説がある。

直木三十五作の小説『南国太平記』によると軍勝秘呪は、阿毘遮魯迦《あびしゃろか》法によって、大威徳明王を祀った人命調伏法である。島津家の郷士で兵道家の牧家だけに伝わる秘伝で、次のように行うとされている。

まず、さまざまな呪具を置くための正三角形の修法壇を設ける。これを壇上三門といい、一辺は6、7尺である。その中央に正三角形の護摩炉を置く。これを鈎召火炉という。修法壇の隅には香炉を置く。そして、礼盤《らいばん》（座）の横に108本の護摩木（油浸しにした乳木と段木）を置いておく。修法壇の上に人髪、人骨、人血、蛇皮、肝、鼠の毛、猪の糞、牛の頭、牛の血、丁香、白檀、蘇合香、毒薬なども用意しておく。これらはみな呪殺のための生贄だが、ほかにしばしば犬の頭を用いることもある。

それから礼盤に座し、「東方阿閦《あしゅく》如来、金剛忿怒尊、赤身《しゃくしん》大力明王、穢迹《えじゃく》忿怒明王、月輪中に、結跏趺坐《けっかふざ》して、円光魏々、悪神を摧滅す。願わくは、閻吒《えんた》羅火、謨賀《ほか》那火、邪悪心、邪悪人を燃尽して、円明の智火を、虚空界に充満せしめ給え」と唱える。護摩木へ火をつけ、芥子と塩を混ぜたものを振りかけ護摩壇に入れる。黒煙が立ち上ったら順次、護摩木や生贄の品物を投げ込む。そして、「南無、金剛忿怒尊、御尊体より、青光を発して、○○の命をちぢめ給え」「南無赤身大力明王、穢迹忿怒明王、この大願を成就し給え」と唱える。こうすることで、敵を調伏できるのだという。

軍勝秘呪

軍勝秘呪 ➡
- 南九州島津藩に伝わった呪殺法
- 島津家お家騒動で使われた伝説の黒魔術

軍勝秘呪のための修法壇

軍勝秘呪は、壇上三門という三角形の修法壇を設け、その上にいろいろな動物の生贄などを用意して行うとされている。

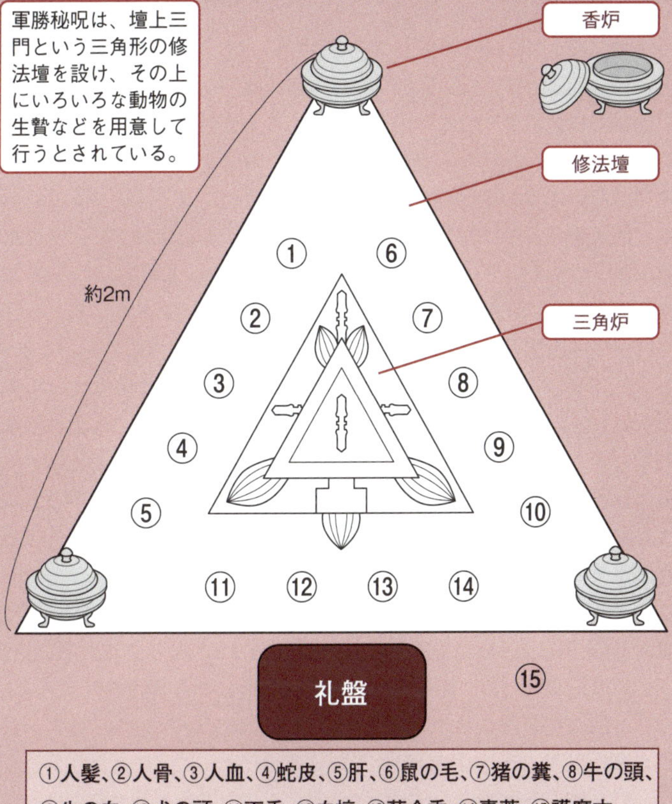

①人髪、②人骨、③人血、④蛇皮、⑤肝、⑥鼠の毛、⑦猪の糞、⑧牛の頭、⑨牛の血、⑩犬の頭、⑪丁香、⑫白檀、⑬蘇合香、⑭毒薬、⑮護摩木

用語解説

●**島津藩**→鹿児島県全域と宮崎県の南西部を領有した薩摩藩（鹿児島藩）のこと。

No.073

憑き物用の呪詛返し

日蓮宗に伝えられている憑き物用の呪詛返しの法は、仕掛けられた呪詛を無力化し、その呪詛を送り主へ送り返し、送り主を破滅させるという。

●狐憑きを送り返し送り主を破滅させる

人に呪詛されたせいで、狐憑きなどの病に陥った人のために、日蓮宗には憑き物用の呪詛返しの法が伝えられている。これは、単に呪詛を無力化するだけではなく、それを送り主へ送り返し、送り主を破滅させるというもので、白魔術であると同時に黒魔術となる魔術である。

この儀式を行うには藁《わら》人形が必要になる。藁人形には五体に所定の呪文を紙に書いて貼る。左右の腕には「衆生《しゅじょう》被《ひ》困厄《こんやく》、無量《むりょう》苦逼身《くひっしん》」。胸の左右には「緒余《しょよ》怨敵《おんてき》、皆悉摧滅《かいしつさいめつ》」。中央には「還著於本人《げんちょおほんにん》」。左右の足には「呪《じゅ》詛《そ》緒毒薬《しょどくやく》、所欲害身者《しょよくがいしんじゃ》」である。また、藁人形には両手に幣《ぬさ》を持たせる。ほかに、木剣数本と五寸釘を36本用意しておく。儀式に際しては、狐に憑かれた病人にも両手に幣を持たせる。そして、人形の幣と病人の幣を五色の糸で結ぶ。人形は椅子状の台に座った形で結わえつけておく。

儀式は夜7時から始める。参加者は儀式を執行する験者、助手の脇験者、病人と付添人である。まず『法華経』の最初の章を繰り返し唱える。やがて病人が手にした幣が動きだし、それにつられて人形の幣も動き出したところで、「呪詛緒毒薬、所欲害身者、念彼観音力《ねんぴかんのんりき》、若不順我咒《じゃくふじゅんがじゅ》、脳乱説法者、頭破作七分、緒余怨敵、皆悉摧滅」と唱えながら、五寸釘を人形の頭部、両肩、両股に木剣で打ち込む。一回の儀式の間に打ち込む釘の本数は7本から11本までとする。これを毎夜繰り返す。ひとつの人形に36本の釘が打ち込まれたら、その人形は箱に入れて隠す。そして、新しい藁人形を用意し、同じ儀式を最初から行う。この儀式を繰り返すことで病人は回復し、憑いていた霊は送り返され、送り主は頭が破れて死んでしまうのである。こうしてすべての問題が解決したら、人形の釘を抜き、人里離れた場所に穴を掘って埋めればよいのである。

憑き物用の呪詛返し

呪詛返し法 ➡ 憑き物を送り返し、送り主を破滅させる呪法

呪詛返し法の藁人形

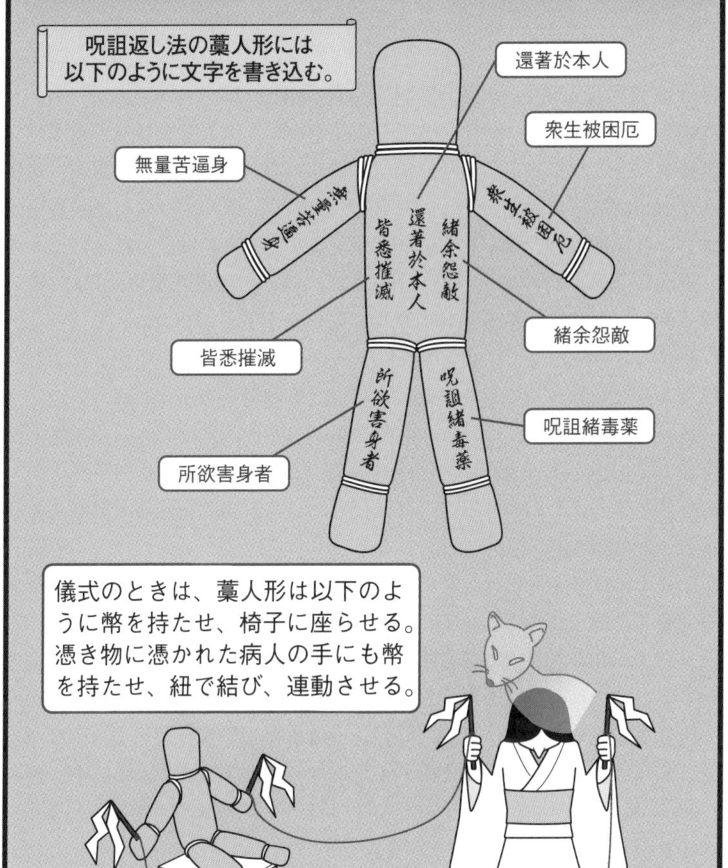
呪詛返し法の藁人形には
以下のように文字を書き込む。
還著於本人
衆生被困厄
無量苦逼身
緒余怨敵
皆悉摧滅
呪詛緒毒薬
所欲害身者
儀式のときは、藁人形は以下のように幣を持たせ、椅子に座らせる。
憑き物に憑かれた病人の手にも幣を持たせ、紐で結び、連動させる。

No.074

蝦蟇の妖術

江戸時代の小説や演劇の中で悪漢たちが使用した蝦蟇の妖術は巨大な蝦蟇に変身し、口から炎を吐いたり、毒気を吹いたりする黒魔術である。

●天竺徳兵衛や児雷也物語で有名な黒魔術

蝦蟇《がま》の妖術は、江戸時代の小説や演劇の中で悪漢たちが使用する邪悪な黒魔術のひとつである。蝦蟇の妖術を使う妖術師としては、浄瑠璃『傾城《けいせい》島原蛙合戦《しまばらかえるかっせん》』（1719年）の七草四郎藤原高平《ふじわらのたかひら》、歌舞伎『天竺徳兵衛聞書《てんじくとくべいききがき》往来《おうらい》』（1757年）や小説『敵討《かたきうち》天竺徳兵衛』（1808年）などに出てくる天竺徳兵衛、小説『自来也《じらいや》説話』（1806年）や『児雷也《じらいや》豪傑物語』（1839～1868年）などに出てくる自来也または児雷也が有名である。

蝦蟇の妖術の由来や内容は物語によって多少の違いはあるが、だいたい似たようなものなので、ここでは天竺徳兵衛の場合を紹介しよう。『敵討天竺徳兵衛』によると、蝦蟇の妖術は中国の蝦蟇仙人に由来する妖術である。徳兵衛は鬼海が島の蝦蟇谷で、異人の肉芝《にくし》道人に3年間入門し、難行苦行の末にその術を授けられた。それ以来、天竺徳兵衛と名乗るようになったという。

蝦蟇の術は基本的には変身の術である。呪文によって、自分自身が巨大な蝦蟇に変身できるのである。蝦蟇になると、雲に乗って空を飛んだり、口から炎を吐いたり、毒気を吹いたり、霧を起こしたりできる。そして人を乱心させたり、人目を欺いたりできるのである。

呪文はいろいろなタイプがあるが、一番簡単なのは「でいでい。はらいそはらいそ」で、この呪文を唱えるだけで変身できるのである。ちなみに、「でい」も「はらいそ」もキリスト教の用語で、「ゼウス（神）」と「パラダイス（天国）」ではないかという説がある。

しかし、ガマはしょせん蛙なので、ヘビに弱いという欠点がある。また、ヘビとの関係で、巳年生まれの敵にも負けてしまうのである。そして、討ち取られた徳兵衛の胸からは、蝦蟇仙人が飛び去っていったとされている。

蝦蟇の妖術 ➡ 巨大蝦蟇に変身し、人目を欺く黒魔術

天竺徳兵衛の蝦蟇の妖術

『敵討天竺徳兵衛』では蝦蟇の妖術は以下のようなものとされている。

創始者 中国の蝦蟇仙人

呪文は? でいでい。はらいそはらいそ

何ができる?

- 雲に乗って空を飛ぶ
- 巨大蝦蟇に変身
- 毒気を吹く
- 口から炎を吐く
- 霧を起こす
- 人を乱心させる
- 人目を欺く

欠点は? ヘビに弱い。巳年生まれの敵にも負けてしまう

No.075

鼠の妖術

鼠の妖術は、何千何万という大量の鼠を操ったり、あるいは自分自身が鼠に変身したりして、人を襲って苦しめる黒魔術である。

●口から鼠を吐き出して人を苦しめる黒魔術

鼠《ねずみ》の妖術は、蝦蟇の妖術と同じく、江戸時代の小説や演劇の中で悪漢たちが使用する黒魔術のひとつである。鼠の妖術を使う悪漢としては、山東京伝作の小説『昔語稲妻表紙』（1806年）の頼豪院、曲亭馬琴作の小説『頼豪阿闍梨恠鼠《かいそ》伝』（1808年）の美妙水冠者《しみづのかんじゃ》義高、歌舞伎『伽羅《めいぼく》先代萩』の仁木弾正などがいる。

ところで、ここまでに頼豪《らいごう》という名が二度出てきた。実は、鼠の妖術は頼豪と深い関係にある。頼豪は11世紀後半の三井寺《みいでら》の高僧だが、延暦寺との権力闘争に敗れ、恨みを飲んで死んだ。と間もなく、頼豪の怨霊が鉄の牙、石の身体を持つ8万4千の鼠になって、延暦寺に攻め込み、仏像や教典を喰い破り始めたといわれているのだ。このため、江戸時代の物語では、鼠の妖術といえば頼豪ということになっているのである。

鼠の妖術の内容も頼豪伝説と似ている。それは何千何万という大量の鼠を操る術である。あるいは、自分自身が鼠に変身する術である。

『昔語稲妻表紙』の物語を見てみよう。この物語では頼豪院という修験者が登場し、悪漢たちの依頼を受け、修法を行って主君の若君に呪いをかける。すると若君は病気になった上、無数の鼠に髪を噛まれたり、肉を食い破られたりして、みるみる衰弱してしまうのだ。さらに、頼豪院自身が鼠に変身し、若君の命を奪いにくるのである。幸いにも警護役がやってきて、若君を救ったが、すると正体を現した頼豪院は口から大量の鼠を吐き出し、みなが動けなくなった隙に逃げ出してしまうのである。

とはいえ、鼠なので猫には勝てないという弱点がある。多くの物語で、鼠の妖術は猫が出てくると破れてしまうし、名前に猫という字がつく人物にも負けてしまうのである。

鼠の妖術

鼠の妖術 ➡

- 無数の鼠を操り、敵を苦しめる術
- 自分自身が鼠に変身することもできる

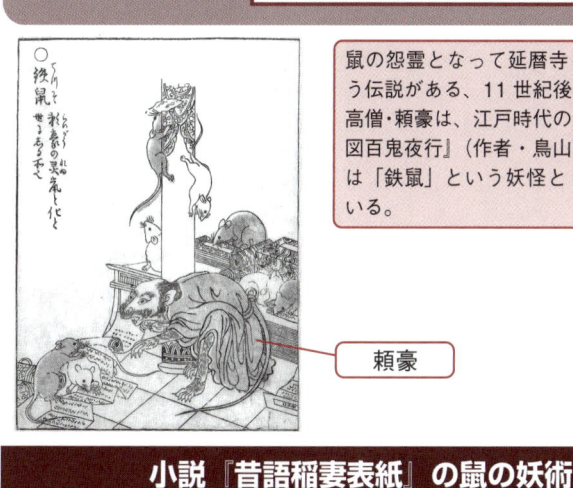

鼠の怨霊となって延暦寺を襲ったという伝説がある、11 世紀後半の三井寺の高僧・頼豪は、江戸時代の妖怪画集『画図百鬼夜行』（作者・鳥山石燕）の中では「鉄鼠」という妖怪として描かれている。

小説『昔語稲妻表紙』の鼠の妖術

江戸時代の小説『昔語稲妻表紙』では、鼠の妖術を使うと、無数の鼠を出現させて人を病気にしたり、巨大鼠に変身したり、口から鼠を吐き出したりできるとされている。

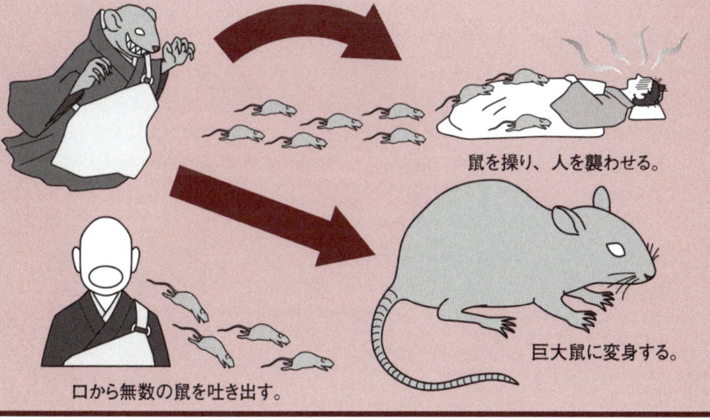

呪術・魔術・妖術・邪術…

呪術、魔術、妖術、邪術、魔法…などなど、魔術的な事柄を表す日本語はいろいろあるが、それぞれどんな意味を持っているのだろう？　ここで世界的にも名の通った権威ある人のそれぞれの語の使用法を見ておくことにしよう。

まず、ジェームズ・フレイザーの『金枝篇《きんしへん》』を見てみよう。第１章の章末コラムで採り上げたように、『金枝篇』には呪術について多くのことが書かれている。ここでは翻訳書として岩波文庫版を用いるが、この本の中で呪術と訳されている元の英単語はmagicである（magicは魔術とも訳せるので、呪術と魔術は同じということになる）。さらに、フレイザーは呪術を理論的呪術と実際的呪術に分け、実際的呪術を積極的呪術と消極的呪術に分ける。積極的呪術というのは、人の病気を治すとか、人を呪い殺すとか、何かを積極的にする呪術である。消極的呪術とは、本名にはその人の本質が宿っているので、決して本名で呼んではいけないというような、何かをしてはいけないという呪術である。これら２種類の呪術について、フレイザーは積極的呪術をsorcery、消極的呪術をtabooと書いている。翻訳はsorceryが魔法、tabooはタブーである。ここから、魔法というのは、積極的に何かをする呪術だということがわかるはずだ。

次に日本語訳がみすず書房から出ている、E. E. エヴァンズ＝プリチャードの『アザンデ人の世界』（1937年刊）を見てみよう。この本はアフリカ中央部に住む未開部族アザンデ人の呪術を扱った名著だが、呪術（magic）の中に妖術（witchcraft）と邪術（sorcery）というそれまでになかった概念を作ったことで知られている。それによると、ある人々は生まれながらに人を害する心的な力を持っているとされているが、その力が妖術なのだという。つまり、妖術は生まれながらの心的な力なので、妖術師は人を害するのに何か特別なことをする必要はなく、本人の意思と関係なしに人を害してしまうこともあるのである。これに対し、呪物などを用いて人を害する悪い呪術は、邪術である。これは生まれながらの力ではなく、ある方法に従えば誰にでもできるものである。

しかし、witchcraftという英単語は、いつもこのような意味で使われるわけでないので注意が必要である。ヨーロッパの魔女狩り時代の魔女を扱う本では、witchcraftは魔女術と訳されことがある。この場合のwitchcraftは悪魔と契約した魔女の術であって、決してある人々が生まれながらに持っている心的な力としての妖術という意味ではないのである。また、sorceryという英単語は『金枝篇』では魔法だったが、『アザンデ人の世界』では邪術と訳されていることも注目してほしい。

このように、呪術、魔術、妖術、邪術、魔法…などの単語は、それぞれ違った意味を持っているのは確かだが、その意味を厳密に定義するのは難しいのである。

第4章
中国とその他の世界の黒魔術

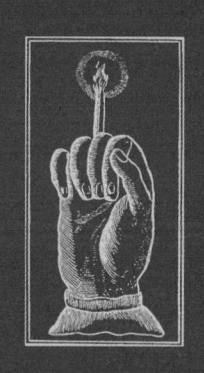

No.076

中国の黒魔術

中国には人形を用いた一般的な黒魔術のほか、中国独自の気の思想に基づいたもの、異民族から輸入されたものなど、さまざまなタイプがあった。

●古代から高度に発達した中国の黒魔術

黒魔術は中国では巫蠱《ふこ》または厭魅《えんみ》などと呼ばれることが多かったが、4000年の歴史があるという国だけに、黒魔術の歴史も非常に古い。

戦国時代の紀元前3世紀初頭、秦の昭襄王《しょうじょうおう》は強敵だった楚《そ》の懐王《かいおう》を呪《じゅ》詛《そ》するために詛楚文《そそぶん》という石刻を彫らせたといわれている。この時代に、早くも国家的規模の呪詛が行われていたのである。前2世紀末の武帝の時代に大宛《たいえん》を攻めたときも、国家的規模の敵国呪詛の祭儀が執行されている。

個人のレベルでも、漢代になると、木の人形を使った呪詛が盛んに行われるようになった。そのため、年老いた武帝は、周りの者がみな自分を呪詛していると疑い、罪のない者たちに黒魔術の罪を着せ、大量に処刑するという事件まで起こった。しかし、宮廷では、黒魔術に頼ったのは男よりは女の方が多かった。権力者の妻たちは、自分の産んだ子供を何とか跡取りにしようと企み、黒魔術師を雇ってライバルたちを呪わせたのである。

中国といえば「気」の思想が有名だが、この気のパワーだけで人を殺してしまう禁人《きんじん》という魔術を使う者もいた。こうなると、魔術というよりも超能力に近かった。黒魔術で金儲けをする腹黒い魔術師も多かった。彼らは、人の魂を奪い取る摂魂《せっこん》という魔術を使ったり、酒造家の酒を腐らせるなどして、金品を巻き上げたのである。

中国は歴史があるばかりか、地域的にも広大で、かつては異民族の活動も活発だったので、異民族経由で入ってきた恐ろしい黒魔術も多かった。その代表は蠱毒《こどく》と呼ばれる黒魔術で、もともと西南異民族の間で流行していたものだといわれている。中国西南地域はとくに風変わりな黒魔術が豊富だったようで、狐の涎《よだれ》で人を呪う狐涎《こぜん》法や、女を裸にして姦淫するための玉女《ぎょくじょ》喜《き》神術《しんじゅつ》などもあった。

中国の黒魔術

中国の黒魔術 →
- 巫蠱または厭魅と呼ばれた
- 紀元前から国家的規模の黒魔術があった

↓

国家的黒魔術

敵国や敵国の王を呪詛する魔術。

個人的黒魔術

敵対する個人を呪詛する魔術。

●中国の主な個人的黒魔術

広大な中国には、個人レベルの黒魔術にもいろいろなタイプがあった。

木人形の呪詛 →
- 漢代に流行。
- 宮廷の女たちがライバルを蹴落とすために使った。

禁　人 → 「気」のパワーだけで人を呪い殺す超能力的黒魔術。

摂　魂 → 生霊を奪い、人を病気にしたり、殺害する黒魔術。

腐敗魔術 → 酒造家の酒を腐らせて金品を巻き上げる黒魔術。

蠱　毒 → 西南異民族経由で流入してきた恐ろしい黒魔術。

狐涎法 → 西南地域で流行した狐の涎（よだれ）で人を呪う黒魔術。

玉女喜神術 → 西南地域で行われた女を裸にして姦淫する黒魔術。

No.077

禹歩について

禹歩は道教の魔術儀式で用いられる歩行の技法で、それだけでは黒魔術ではないが、しばしば黒魔術を行うために不可欠の技法となるものである。

●黒魔術にも応用可能な道家の歩行呪法

禹歩《うほ》は**道教**の魔術儀式でしばしば用いられる、一歩ずつよろめくように歩く、歩行の技法である。道教の流れを汲む魔術であれば、たとえ白魔術でも黒魔術でも、儀式の一部に禹歩が含まれることがある。

たとえば、猫鬼《びょうき》法の一種で、人頭猫身の怪物を作るという恐ろしい黒魔術がある。次のようなものである。まず、一匹の猫を飼い慣らす。どこかで1歳くらいの幼児が死に、埋葬されたら、猫を抱いて墓に行く。幼児の死体を掘り起こし、禹歩をして呪文を唱える。猫の首と幼児の死体の首を斬り、幼児の頭を猫の死体の腹の中におさめ、呪文を唱える。すると猫は生き返り、人頭猫身の怪物になる。この怪物に命じて泥棒をさせると、夜中に人家に入り込んでも誰にも気づかれないのである。ただ、犬には感づかれてしまう。怪物は犬だけは嫌いで、どうしてもやられてしまうのだという。

このように、禹歩はそれだけでは黒魔術ではないが、しばしば黒魔術を行うために不可欠の技法となるのである。

禹歩の歩き方は、新しい時代のものほど複雑になっている。しかし、道教魔術の聖書ともいえる葛洪《かっこう》の『抱朴子《ほうぼくし》』に載せられている方法は簡単である。『抱朴子』仙薬篇によると、次のようである。両足をそろえて立ち、まず左足を前に、次に右足を前に、最後に前に出た右足に左足をそろえる。これが第1ステップである。第2ステップでは、まず右足を前に出し、次に左足を前に、最後に前に出た左足に右足をそろえる。そして、第3ステップは第1ステップと同じに行う。これで終了である。

禹歩に名前のある禹は、中国太古の伝説的な聖王である。禹は黄河の治水事業で活躍したが、その途中で怪我をし、足を引きずって歩いた。その歩き方が禹歩になったという説がある。

禹歩について

禹歩とは

- よろめくように歩く、歩行の技法
- 中国の魔術儀式に不可欠の技法

禹歩の使用例

人頭猫身の怪物を作るという恐ろしい黒魔術の場合、以下のように禹歩が儀式の一部分となっている。

①猫を飼い慣らす。

②1歳くらいの幼児が埋葬されたら、猫を抱いて墓に行く。

③幼児の死体を掘り出し、禹歩をして、呪文を唱える。

④猫と幼児を合体して呪文を唱えると、怪物ができる。

禹歩の歩き方

葛洪『抱朴子』仙薬編によれば、禹歩は以下のように簡単である。まず、両足をそろえて立ち、①～⑨の順に、左足・右足・左足／右足・左足・右足／左足・右足・左足と足を進めればいいのである。3歩ごとに両足がそろっている点に注意したい。

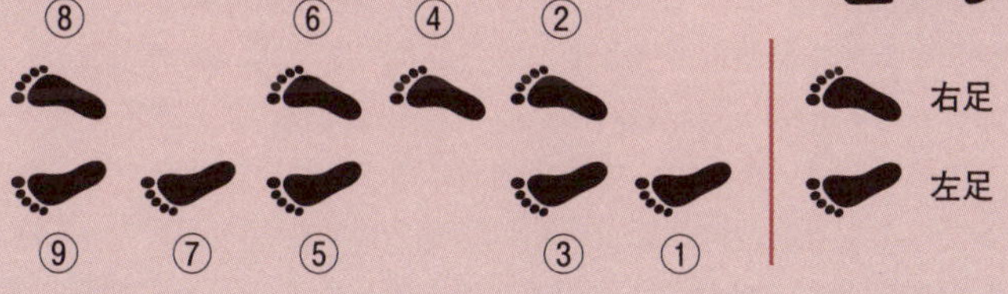

用語解説

●**道教**→中国の代表的民族宗教で、現世利益的で、呪術的な性格が強く、不老長寿を主な目的としている。

No.078

禁人

禁人は古代中国で行われていた禁術という魔術の一種で、気の力を利用して、そのものの能力を奪うか、その力を逆向きに働かせる魔術である。

●そのものの能力を奪ってしまう禁術の一種

禁人《きんじん》は古代中国で行われていた禁術という魔術の一種である。

禁術とは「**気**」の力で、そのものの能力を奪ってしまう魔術である。あるいは、その力を逆向きに働かせる魔術である。たとえば、大釘が木に深く打ち込まれている状態で大釘に禁術をかけると、打ち込まれていた大釘が木から噴き出されてしまう。弓矢で射られた兵士の身体にヤジリが残っていたとしても、これに禁術をかければ身体からヤジリが抜け出てしまう。毒蛇が出現する山や川を行くときは、毒蛇に禁術をかければ、毒蛇に咬まれることもなくなるのである。また、流れる川に禁術をかけると、川の流れを一里にもわたって逆流させることもできるのだ。

この禁術を人間に応用するのが禁人であり、気合いひとつで生きている人間を金縛り状態にすることができる。禁術と同様に使い方によっては白魔術といえるわけだが、縛りがきつすぎると頭が割れてしまうほどの恐ろしい黒魔術となる。

『神仙伝』（巻五）によれば、劉憑《りゅうひょう》という仙人は禁術の達人だった。あるとき劉憑は商人たちに隊商の護衛を依頼されたが、その旅の途中、山中で数百人の盗賊に包囲された。そこで、劉憑が禁術を使うと盗賊の射た弓矢がことごとく盗賊の方へと跳ね返された。さらに大風が吹き、砂塵を吹き上げ、樹木を倒した。劉憑は盗賊たちを叱咤《しった》し、禁人の術を使った。すると盗賊たちは一斉に跪《ひざまず》いて頭を地面にこすりつけ、手を背中に回して身動きできなくなり、息遣いも苦しげになった。中でも頭目の3人は悲惨で、鼻から血を流し、頭が裂けて即死してしまったのである。劉憑は頭目の3人以外は大いに戒めたあとで解放したが、これだけでも禁人の術がいかに恐ろしいものかわかるだろう。

禁人

禁術 → 気の力でそのものの力を奪ってしまう魔術

たとえば禁術を使うとこんなことができるのである

・深く打ち込まれた大釘が抜ける。
・体に刺さったヤジリが抜ける。
・毒蛇が咬まなくなる。
・川の流れが逆流する。

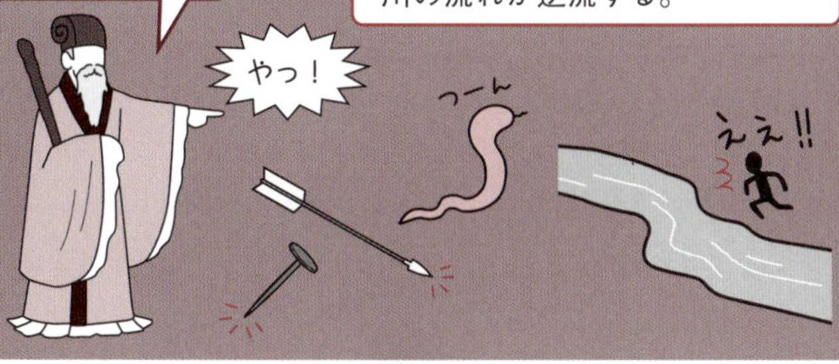

禁人 → 禁術を人に応用した魔術

禁人は人を金縛りにできるが、縛りがきついと恐るべき黒魔術となるのである

・金縛りになる。
・手を背中に回して身動きできなくなる。
・息ができなくなる。
・鼻血が吹き出し、頭が割れて即死する。

用語解説

●**気**→中国人が伝統的に信じていた宇宙的なパワー。
●**『神仙伝』**→90人以上の仙人の伝説が集められた中国の西晋・東晋時代の本。『抱朴子』と同じ葛洪の著。

No.079

摂魂（摂生魂）

生きている人の霊や魂を呼び寄せる摂魂は、悪意を持って用いるとき、人の命を奪ったり、人の生霊を奴隷にしたりできる恐ろしい黒魔術となる。

●人の生霊を奪い、拘束する邪術

摂魂《せっこん》あるいは摂生魂《せっしょうこん》は人の生霊《いきりょう》・生魂《しょうこん》（生きている人の霊や魂）を呼び寄せ、使役する術である。単純に生霊を呼ぶだけならば実害はないが、悪意を持って使うならば恐ろしい黒魔術となるものである。

人を害する場合によく使われる方法は、甕《かめ》や桶《おけ》の中に呼び寄せた生霊を閉じ込めてしまうというものだ。

北宋の仁宗皇帝の時代のある道士は謝礼を払わない客がいると密室に祭壇を作り、大きな桶を置き、ザンバラ髪にし、剣を振り回してその人の生霊を桶に追い込み、石を載せて閉じ込めたという。そうすると呪詛された人は病気になり、悪ければ死んでしまうのである。もちろん、最悪の事態になる前にその人あるいは関係者が謝礼を払えば、魂を開放してやる。すると、いつの間にかその人の病も癒えるのである。

まず生霊を手に入れてその人を殺害し、その後に残された霊を使役して犯罪を働くこともできる。元代の至正3年（1343年）には、王万里という占い師が少年少女数名の生霊を捕らえ、彼らを惨殺し、その霊を使役して罪を犯すという妖術殺人事件があった。このとき王万里の使ったさまざまな魔術道具が押収されたがそれは次のようなものだった。木印、黒い紐、女人形、紙、五色の絹糸、五色の毛糸、小さな葫蘆《ころ》（ひょうたん）が1個。この葫蘆の上部は赤い紐が取りつけられ、内部に琥珀の珠が2個あり、外部は五色の毛糸で包まれ、朱書の符がついていた。役人がさらに詳しく調べた結果、これらの物は、少年少女の心臓や肝臓を取って乾し固めて粉末とし、包んで五色の糸で頭髪と括《くく》り合わせて人形を作り、符水をもって魔法をかけたものとわかった。つまり、王万里はこれらの魔術道具を使用して奪い取った少年少女の生霊を使役する黒魔術を行ったのである。

摂魂（摂生魂）

摂魂 ➡
・生霊や生魂を呼び寄せ、使役する術
・生霊、生魂を甕などに閉じ込め、人を害する術

人の霊を桶に閉じ込める方法

生霊を捕獲するには、密室に祭壇を作り、大きな桶を置き、ザンバラ髪になり、剣を振り回して生霊を桶に追い込み、石を載せればよい。

生霊を取られた人は最悪の場合死んでしまう。
密室
剣
ザンバラ髪
生霊
石
祭壇
桶

人の霊を使役して罪を犯す魔術の道具

葫蘆
木印
黒い紐
五色の毛糸
女人形
○○

元代に逮捕された黒魔術師は、これらの道具を使い、少年少女たちを殺し、その霊を使役して罪を犯させたという。

葫蘆は五色の糸で包まれ、上部は赤い紐がつけられ、朱書の符がつけられ、中に琥珀の珠が2個入っていた。

No.080

木偶厭魅の術

木偶厭魅は木の人形を使って人を呪詛する一般的な黒魔術だが、中国では人形の素材に木を用いるのは、特定の個人を狙う場合が多かった。

●主に特定の個人を呪うのに使われた木偶厭魅

木偶厭魅《もくぐうえんみ》というのは、木の人形《ひとがた》を使って人を呪詛する中国の黒魔術である。中国でも、世界のほかの地域と同じく、古くから人形を使って人を呪う魔術がよく行われた。人形の素材にはいろいろなものが考えられるが、一般的な傾向として、木の人形は特定の個人を呪い殺すのによく用いられた。また、漢代には桐の木が用いられることが多かったので、呪いの人形のことを桐人《とうじん》と呼ぶこともあった。

呪詛の細かな手順や儀式は術者によってさまざまだが、基本は木を刻んで人の形を作り、土に埋めるというものだった。その上で、恨みの気持ちが強ければ、人形に首枷《くびかせ》、足枷を着けたり、両手を縛ったり、心臓のあたりに釘を打ち込むこともあった。

ここで、中国の昔の文献に記載された木偶厭魅の方法を見てみよう。

清代の作家・褚人穫《ちょじんかく》の『堅瓠広集《けんここうしゅう》』巻三「呪状元《じゅじょうげん》」にある話である。それによると、あるとき浙江省の韓状元という者が隣家の土地を侵略した。隣家の者は何とかしたかったが、状元は威勢がよくてどうにもならない。そんなとき、ある地相鑑定家が厭魅の術に優れているというのを聞き、すぐに大金を払って依頼した。すると鑑定家は、壇を作って符を焼き、特別な呪文を唱えながら、7日7夜かけ、桃の木を刻して7寸の人形を作った。そして、人形に状元の生年月日を書き、地上に立てた。それから、毎夜、呪文を唱えながら木人を打ち、一夜に1寸だけ木人を地面に打ち込んだ。それを7夜繰り返し、7夜目に木人が地面に没した。そのとき、韓状元は都にいて夫人と酒を飲んでいたのだが、突然夫人が怒り出し、飛びかかって状元の顔を爪で引き掻いた。このため、状元は血まみれになり、その夜のうちに死んでしまったのだという。

木偶厭魅 → 木の人形で呪詛する黒魔術

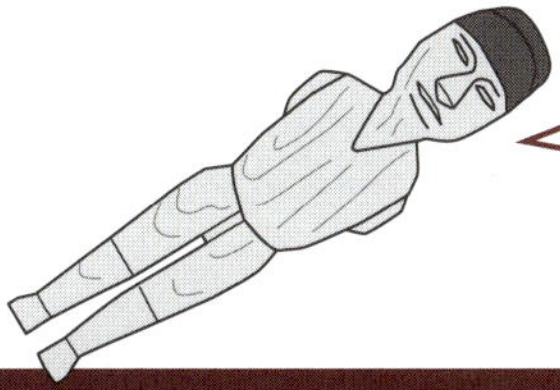

中国では桐の木で作られることが多かったので、呪詛の人形は桐人（とうじん）と呼ばれた

木偶厭魅の方法

一般的方法

①木を刻んで人形を作る。

②必要に応じ、首枷、足枷などをし、心臓に釘を打つ。

③地面に穴を掘って埋める。

小説にある手の込んだ方法

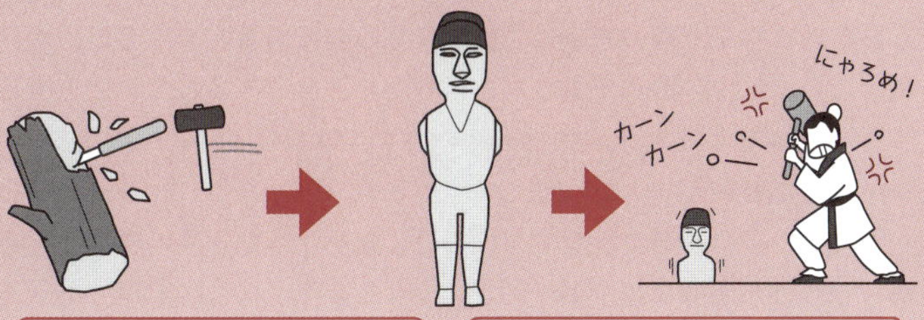

①7日7夜かけて、桃の木を刻み、7寸の人形を作る。

②呪文を唱えながら、一晩に1寸だけ人形を地面に打ち込む。人形が地面に没したとき、敵が死ぬ。

No.081

草人紙人厭魅の術

中国では、木人形は主に特定の個人を標的とした呪いに用いられたが、草人形と紙人形は不特定多数を狙った呪いに用いられた。

●市中にパニックを引き起こす人騒がせな邪法

同じ人形でも、草人形や紙人形を用いた呪術は、木人形を用いた場合とは異なる効果を持つと中国では信じられていた。中国では、木人形は主に特定の個人を標的とした呪いに用いられた。それに対し、草人形と紙人形は不特定多数を狙った呪いに用いられた。ただし、これは人を殺害するというような呪いではなかった。草や紙を切り抜き、狐や犬、猫などの動物や魑《ち》魅《み》魍魎《もうりょう》の人形をたくさん作る。それを思い通りに操り、市中の人々を驚かし、パニックを引き起こす。それがこの魔術の狙いである。

人形を動かす方法はいろいろあったが、そのうちのひとつは次のようなものだった。まず、紙を用意する。これをさまざまな鳥獣の形に切り抜き、床の上に並べる。手に刀を持ち、禹歩《うほ》して呪文を唱える。水を口に含んで霧状にして吹きかける。するとこれだけのことで、紙人形が動き出し、窓から飛び出していくのである。これらの人形は他人の家に入り、あらぬ場所に出現して人を驚かすだけではない。他人の家の中で暴れ回り、家の中の器物を蹴飛ばしたり、棚から落としたりして無茶苦茶に壊してしまうこともある。それで、町の人々は大騒ぎになるのである。こうして、十分な時間がたち、町中に混乱が引き起こされたら、再び禹歩して呪文を唱える。すると、すべての紙人形は窓から舞い戻り、最初のように床の上に落ち、紙に戻るのだという。

ただの草や紙の人形ではなく、竹の骨に紙を貼った張子の虎を使う魔術もあった。この場合には、張子の虎の4本の足のすべてに**篆字《てんじ》**で書いた符を貼り、腹の中に「有事千変万化、無事速去速来」と書く。さらに1本の釘と小虫を紙に包んで腹の中に入れるのである。これで張子の虎が本物のように動き出し、人を驚かすのである。

草人紙人厭魅の術

草人厭魅 → 草の人形を使用する呪詛法

紙人厭魅 → 紙の人形を使用する呪詛法

↓

不特定多数の人々にパニック を引き起こす黒魔術

紙人厭魅の一手順

草人・紙人厭魅の法にはいろいろな方法がある。
以下は紙人厭魅の法の手順の一例である。

①紙を用意する。

②紙を切って鳥獣や魑魅魍魎の人形をたくさん作る。

③禹歩して、呪文を唱え、人形に口の水を吹きかける。

↓

④紙人形が動き出し、町中や他人の家の中で暴れて人々をパニックにする。

↓

⑤もう一度禹歩して呪文を唱えると、人形は帰ってきて、ただの紙に戻る。

用語解説

●**篆字**→篆書体という書体で書かれた漢字。古代文字に分類される書体だが、現在でも印章などに用いられる。

No.082

多種多様な厭魅の術の道具

中国の厭魅の術では、木、草、紙などで作った人や動物の人形のほかにも、衣服や牛頭願という木版像など、いろいろな呪物が用いられた。

●いろいろな呪物が使われた中国の厭魅の術

中国の厭魅《えんみ》の術では木、草、紙などで作った人や動物の人形を用いたものが多いが、そのほかにもさまざまな器物が呪いの道具として使われた。

衣服を使うのは古くからの魔術の基本のひとつだが、中国でも同様の方法があった。明代の作家・陸粲《りくさん》の随筆集『庚巳編《こうしへん》』巻三「楚巫《そふ》」に、足に巻く脚絆《きゃはん》と鴨《かも》の首を使った呪詛の話がある。あるとき、楚の国の有力者が脚絆を脱いでおいたところ風が吹いてきて飛ばされてしまった。偶然にもそれを手に入れた姜聰《きょうそう》という男が悪事を企んだ。鴨を殺し、その首を脚絆で包み、神が宿るとされる場所に鉄釘で打ちつけて呪いの言葉を誦《しょう》した。すると、有力者は足が痛み出し、食べることも寝ることもできなくなった。呪術師に日夜祈祷させたが治らない。そこへ姜聰が自分なら治せますといって出かけていき、有力者の部下から金をもらったあとで、脚絆に打ちつけた釘を抜いた。そうするとすぐに有力者の足の痛みが取れた。それから、姜聰は何度も同じことを繰り返し、多額の礼金を手に入れたというのだ。

清代の作家・施鴻保の『閩雑記《びんざつき》』には、とある廟《びょう》（寺院）にある、牛・馬・犬の頭部を木板に彫った像を使った「牛頭願《ごずがん》」という呪詛法の話がある。人に恨みを持つ者は牛頭願のための印紙を数十枚購入し、その半分を像の前で燃やす。そして、右手で像を叩きながら、恨みの言葉を述べる。そのあと、「私についてきなさい」といい、神霊を怨みのある相手の家の前まで案内する。そこで、残りの印紙を焼きながら、恨みの言葉を3度繰り返す。これだけで、その家に住む人物は病気になり、中には死んでしまう者もいたというのである。牛頭願の廟は呪詛を専門に取り扱っていたようで、いろいろな種類の呪詛用の印紙を販売しており、恨む相手を発狂させる印紙などもあったという。

多種多様な厭魅の術の道具

中国の呪いの道具 → 木・草・紙で作った人や動物の人形が多い

↓

他にもいろいろな呪物があった!

鴨の首を使った呪詛法

明代の作家・陸粲の随筆集『庚巳編』にある、
鴨の首の呪詛法は以下の通りである。

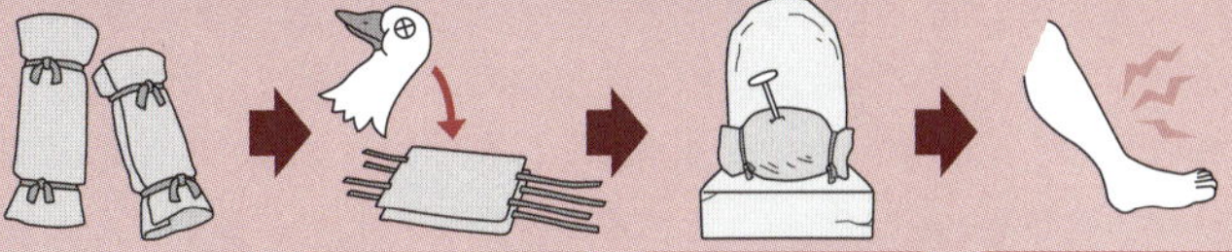

①狙う相手の脚絆を手に入れる。

→ ②鴨を殺し、その首を脚絆で包む。

→ ③鴨の首と脚絆を神聖な場所に鉄釘で打ちつける。

→ ④相手の足が痛み出す。

牛頭願の手順

牛頭願は牛・馬・犬の頭部を
木板に彫った像を使った
呪詛法で以下のように行う。

①牛頭願用印紙を数十枚買う。

②印紙の半分を像の前で焼き、右手で像を叩きながら恨みを述べる。

→ ③神霊を敵の家へ引き連れていく。

→ ④敵の家の前で印紙を焼き、恨みを3度いう。これで敵は病気になるか死んでしまう。

No.083

工匠厭魅の術

工匠厭魅の術は人形を使った呪詛法の中でも、とくに大工などの職人に頼んで、標的となる人物の家の中に人形を仕掛けさせるものである。

●土木建築の職人に人形を仕掛けさせる黒魔術

中国では、人形を使って人を呪詛する術のことを、厭魅《えんみ》あるいは厭勝《えんしょう》というが、この呪詛法の中に、大工などの職人を使って標的となる人物の家の中に人形を仕掛けさせるものがある。ここで工匠厭魅《こうしょうえんみ》の術といっているのは、このタイプの呪詛法のことである。この術は、大工などに依頼して行うこともあるが、大工自身が自分の意志で行うこともある。家を建てるとき、食事や待遇が悪いことに不満を持った大工が秘かに木人形や紙人形を作り、天井裏や壁の中に仕掛けて呪詛するのである。いずれの場合にも、これが効果を発揮すれば、その家に住む家族に不幸が起こるのである。

この術では、厭魅を仕掛けるとき、その家の誰かを病気にしたいなら、誰それを病気にしてほしいとはっきり口に出して祈念するのが基本である。そうすることで初めて、人形や器物が呪物となるのである。

目的にふさわしい形の人形を使うのも、効果を確実にする方法である。たとえば、木人形2体を、取っ組み合いをしている姿に組み合わせて梁の間に置いた場合、その家では毎夜のように取っ組み合いをするような音が響く。男たちと交わっているような、いやらしい姿の女人像を作って屋根の垂木に隠すと、その家では代々浮気性の娘が生まれる。つかみ合いのケンカをしているような姿の男と女の人形を作って隠すと、その家の者はいつしか家庭不和になり、夫婦や子女が殴り合いのケンカばかりするようになる。また、2頭の馬が車を引いて家の外に駆け出すような形に作った人形を隠しておくと、その家は貧乏になる。放尿している姿の人形を寝室の天井裏に隠しておくと、家の者が寝小便するようになるのである。

しかし、これらの人形を発見し、火で燃やせば術は破れる。そして、術を仕掛けた大工も死んでしまうのである。

工匠厭魅の術

工匠厭魅 → 土木建築職人が仕掛ける人形の黒魔術

あの家の主人を苦しめてください
そこをなんとか

待遇悪かったから、懲らしめてやれ

工匠厭魅の術は、大工などに依頼して行うこともあるし、大工自身が自分の意志で行うこともある。

工匠厭魅の術の基本

工匠厭魅の術では、人形などの呪物を仕掛けるとき、目的をはっきり口に出すのが基本だ
この家の頑固な主人が盲腸になりますように！

目的にふさわしい人形

工匠厭魅の術では目的にあった姿の人形を使うと効果が確実になる。

		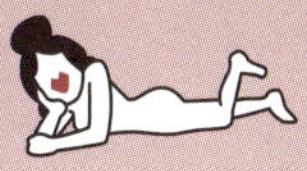	
ケンカしている男女の人形	馬が車を引いて家から駆けだす人形	いやらしい姿の女人像	放尿している姿の人形
↓	↓	↓	↓
夫婦ゲンカが絶えず、家庭不和になる。	家が貧乏になる。	代々浮気性の娘が生まれる。	家の者が夜尿症になる。

No.084

蠱毒法

ヘビ、蝦蟇、トカゲ、カイコなど、気持ちの悪い昆虫や爬虫類などを使用し、標的となる人を呪殺し、さらにその人の財産まで奪い取る邪術。

●昆虫・爬虫類などの毒虫を使用した呪殺と蓄財の邪法

蠱毒《こどく》法は、ヘビ、蝦蟇《がま》、トカゲ、クモ、カイコ、シラミ、ムカデのような、気持ちの悪い昆虫や爬虫類《はちゅうるい》、両生類などを使用し、標的となる人を呪殺し、さらにその人の財産まで奪い取る邪術である。したがって、蠱毒法をする者の家はどんどん金持ちになっていくのである。昆虫や爬虫類だけでなく、鶏、猫、犬、羊のような比較的大きな動物を使うこともある。

蠱毒はいつの間にか家に住み着いていることもあるが、普通は次のように作る。「蠱」という字（皿の上に虫がたくさん載っている）のように、雑多な虫や小動物を甕《かめ》の中に入れて蓋《ふた》をし、共食いをさせる。するといつの間にかただ一匹だけが生き残り、その一匹が蠱毒という特殊な毒物になるのである。一説によると甕に閉じ込めるのは端午の日であり、年を越えて甕の蓋を開けたときに生き残っていた一匹が蠱毒だという。呼び方はそれがもしヘビならば「蛇蠱《だこ》」、ムカデならば「蜈蚣蠱《ごしょうこ》」となる。

蠱毒を得たら、適切に飼育し、占いによって日を選んで一年に数度祀るようにする。そして、標的となる人の食べ物に蠱毒を混ぜて食べさせる。蠱毒の糞や、焼いて粉末にしたものを食べさせることもある。また、蠱毒を標的となる人の家の下に埋めることもある。すると、呪詛された人は死に、その人の財産が蠱毒の飼い主の家に入ってくるのである。だから、蠱毒を飼う家はどんどん豊かになっていくのだ。

しかし、蠱毒は一度利用しても決して死ぬわけではなく、その後もいつまでも飼い続ける必要がある。そして、最も一般的な蠱毒である金蚕蠱《きんさんこ》（No.085参照）の場合を見てもわかるように、蠱毒を飼い続けるのは大変なことである。このため、蠱毒に手を染めて金持ちになったが、飼い続けることができずに家が滅びてしまったという話が山ほどあるのだ。

蠱毒法

蠱毒法とは

雑多な小動物（蠱毒）を使い、人を呪殺し、財産を奪う邪術だよ

蠱毒の作り方

ぶつぶつ…

①ヘビ、トカゲ、ムカデなどの毒虫を甕に閉じ込め共食いさせる。

②一匹だけ生き残ったものが蠱毒となる。

③適切に飼育し、年に数度祀る。これで蠱毒法が使える。

蠱毒の使用法

狙う相手に蠱毒の糞を食べさせる。相手の家の下に蠱毒を埋めるなど、蠱毒の使用法はいろいろあるよ

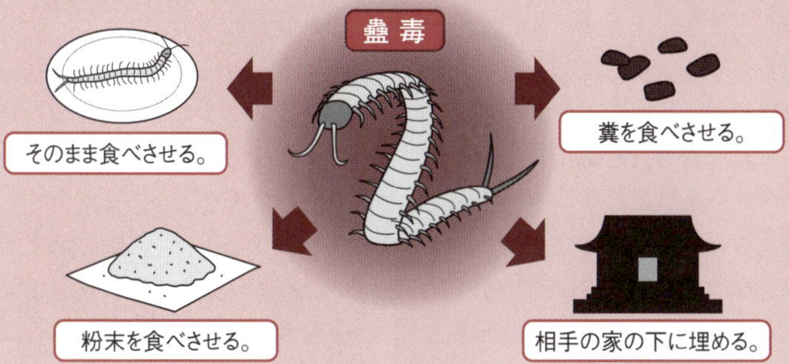
蠱 毒
そのまま食べさせる。
糞を食べさせる。
粉末を食べさせる。
相手の家の下に埋める。

用語解説

●**蠱毒法**→蠱術ということもある。

No.085

金蚕蠱

金蚕蠱は生き物を使った呪殺と蓄財の邪法である蠱毒法の中でも最もよく知られたもので、蚕に似た「食錦虫」という虫を使った黒魔術である。

●最も有名で代表的な蠱毒法

金蚕蠱《きんさんこ》は生き物を使った呪殺と蓄財の邪法である蠱毒法の中でも最もよく知られたものである。金蚕は蚕《かいこ》に似た「食錦虫《しょくきんちゅう》」という虫だといわれており、金色をしており、身体をかがめて指輪のように円くなり、蚕が桑の葉を食べるように高価な錦《にしき》の織物を食べて生きるという。

金蚕の使い方は簡単である。金蚕の糞を食べ物に混ぜて標的の人に食べさせるのである。そうするとその人はもちろん毒によって死んでしまうが、それだけではない。殺された者が持っていた財産がどういうわけか殺した者の手に入り、その分だけ家が富裕になるのである。だから、金蚕の住み着いている家はものすごい勢いで財産を増やしていくのだ。

しかし、金蚕を飼うのはとても大変なことである。一説によれば、金蚕を飼っている限り、毎年ひとりは殺さなければならず、標的が見つからなければ家族でも殺さなければならないからだ。それができないと、金蚕の持ち主自身が金蚕によって殺されてしまうのである。

しかも、金蚕はほとんど不死身であり、水に沈めても、火で焼いても、刃物で切っても殺せないのである。

それでも金蚕と別れる方法はある。その方法は嫁《か》金蚕《きんさん》というもので、箱の中に金蚕によって得た金銀財宝とともに金蚕の虫を入れ、道に捨てるのである。金銀財宝は嫁入りのための持参金のようなものだ。この箱を誰かが見つけ、拾って家に持ち帰ったなら、そのときはじめて金蚕は別な家へと移っていくのである。したがって、金蚕を手に入れる方法は、多くはこのようにして捨てられている金蚕を拾ってくる場合が多いのである。

しかし、通常の蠱毒法のように多くの虫たちを共食いさせ、最後まで生き残ったものがたまたま金蚕だったということもある。

金蚕蠱

金蚕蠱とは?

・人を殺して財産を得る蠱毒法のひとつ
・蚕に似た食錦虫という虫を使う

金蚕蠱の飼い方

金蚕蠱を飼うには以下のことを守らなければならない

金蚕

ギャー!!

高価な錦の織物を食べさせる。

金蚕蠱で毎年ひとりを殺す。

殺す相手がいないときは自分の家族を殺す。

以上のことができないと自分が金蚕に殺されてしまう!

金蚕との別れ方

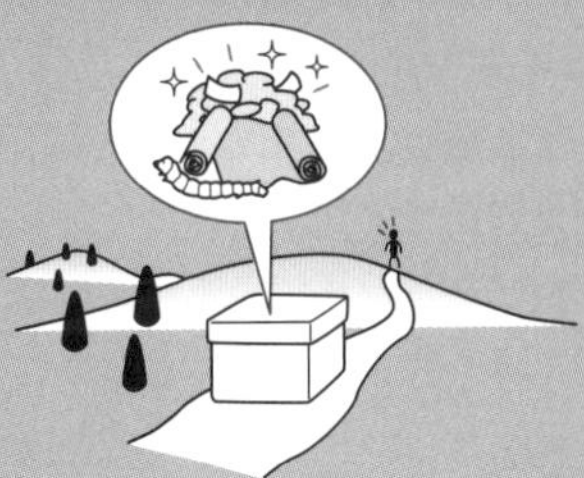

このような別れ方を「嫁金蚕」というのだ。
なんてこった!

箱の中に金銀財宝と金蚕を入れ道に捨てる。

その箱を誰かが家に持ち帰ったら、金蚕もその家に移る。

No.086

挑生法

挑生法は、食べた物が腹の中で膨れ上がり、肺や心臓などが圧迫され、その結果として死んでしまうという呪詛法で、蠱毒法の一種である。

●魚肉・鶏肉などを用いた蠱毒殺人

蠱毒《こどく》法の中でも、とくに魚肉・鶏肉などに恨みを込めて標的となる人を殺すのが挑生法《ちょうせいほう》である。挑生という言葉には、魚肉などを人に食わせ、その食ったものを腹の中で生長させて人を害する妖術という意味があるらしい。つまり、挑生法で呪詛された人は、食べた物が腹の中でどんどん膨れ上がり、肺や心臓などが圧迫され、その結果として死んでしまうのである。腹に入る物なら、瓜のような果物でも、お茶のような飲み物でも挑生させることができるという。

清代のある物語によると、呪詛された人はただ単に腹が膨れて死ぬだけではない。死んだあとは呪詛した人の奴隷となり、その人の言いなりに働かされるのだという。これはもうほとんどヴードゥー教のゾンビと同じといっていいのである。一説によれば、物が胸隔中にあるときは生薬のショウマを、腹中にあるときはウコンを服用すれば毒物を吐き出すことができ、吐き尽くせば治るといわれる。

挑生法の特別な方法として挑《ちょう》気《き》法《ほう》というものもある。これは物ではなく、「気」つまり念力のようなものを使う特別な挑生法である。

どうするかというと、挑気法を操れる魔術師が標的の人物を訪ね二言三言会話をし、その間に標的に対して特別な気を発すればいいのである。すると、その気が標的の腹の中に入り、どんどんと膨れていく。この結果として腹の皮は引き伸ばされて薄くなり、心臓や肺までが外側から透けて見えるまでになってしまう。そして、数日もたたないうちに死んでしまうのである。

このような魔術なので挑気法は誰でもできるというものではない。挑気法を得意とする魔術師にだけ可能な術なのである。

挑生法

挑生法 ➡
・食べた物を腹の中で膨らませて人を殺す黒魔術
・殺した死体を奴隷として使役することも可能

挑気法 ➡
気の力を使った挑生法の一種

挑生法の手順

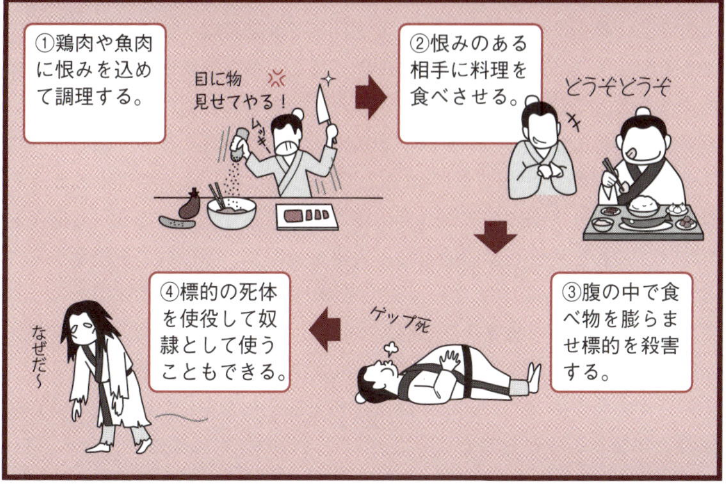
①鶏肉や魚肉に恨みを込めて調理する。
目に物見せてやる！
②恨みのある相手に料理を食べさせる。
どうぞどうぞ
③腹の中で食べ物を膨らませ標的を殺害する。
ゲップ死
④標的の死体を使役して奴隷として使うこともできる。
なぜだ～

挑気法の手順

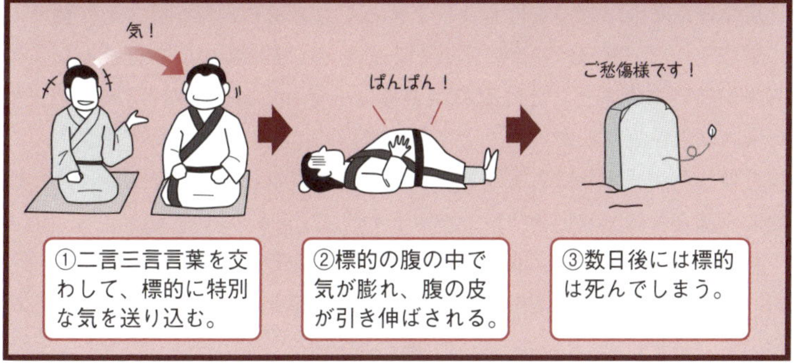
気！
ぱんぱん！
ご愁傷様です！
①二言三言言葉を交わして、標的に特別な気を送り込む。
②標的の腹の中で気が膨れ、腹の皮が引き伸ばされる。
③数日後には標的は死んでしまう。

No.087

猫鬼法

猫鬼法は蠱毒法の一種で、猫の霊を操って人を呪殺し、その財産を奪い取る黒魔術で、隋の時代には家ごとに猫鬼を養うほど大流行したという。

●大きな動物霊を使う例外的蠱毒法

猫鬼《びょうき》法は蠱毒《こどく》法の一種で、猫の霊を操って人を呪殺し、その財産を奪い取るものである。蠱毒は一般的に虫のような小さな昆虫を使用するが、猫のような大きな動物を使用するという点で、相当に特異なものである。

猫鬼を得るには恐ろしい儀式が必要である。猫の首を絞めて殺し、祭壇を作り、食べ物などを供《そな》えて49日の間、祀《まつ》るのである。こうするとその猫の霊を操れるようになるが、その霊こそが猫鬼である。こうして猫鬼を得れば、これを使役して標的となる人物を呪殺し、その財産を略奪することができるのである。ただし、猫鬼を養い続けるには、12日ごとの十二支の子《ね》（鼠）の日に猫鬼を祀る必要がある。そうすれば、猫鬼は人を殺すたびにその人の財産を飼い主の家に運んできてくれるのである。

注意が必要なのは、一説によれば、猫鬼はそれを養っている人と一心同体のようなところがあるということだ。清代の作家楊鳳輝の『南皐筆記《なんこうひっき》』にある「蠱毒記」に次のような物語がある。ある夜、ひとりの呪術師が道を歩いていると一匹の猫がある家に入っていくのを見た。これは猫鬼だと気がついた呪術師はすぐにも符呪を使って霊を制し、猫を捕まえて甕《かめ》の中に閉じ込めた。翌日、蠱家《こか》の家人がみなやってきて猫の所在を尋ねた。呪術師が問い詰めると、その家の嫁が猫鬼を養っているのだと白状したが、呪術師は猫を返さなかった。その後、呪術師は甕の中に熱湯を注ぎ込んで猫を殺したが、まさにちょうどそのとき、蠱家の若妻が熱湯を浴びせられたように全身にやけどを負い、ベッドの上で死んだのである。

猫鬼法は隋の時代に大流行し、家ごとに猫鬼を養うほどだったが、国をあげて邪道を一掃する運動が起こり、猫鬼を養う家は辺境の地に追放された。その結果、唐代には、猫鬼の事件は激減したといわれている。

猫鬼法 → 猫の霊で人を呪殺し、財産を奪う蠱毒法の一種

猫鬼法 → 恐ろしい儀式が必要

猫鬼を得る儀式

①猫の首を絞めて殺す。

②猫を祭壇で49日間祀ると猫鬼が得られる。

③猫鬼を操り、人を殺し、その財産を略奪できる。

猫鬼と飼育者の特異な関係

猫鬼は飼育者と一心同体で、たとえ離れていても、
猫鬼が怪我をすると、飼育者も同じように
怪我をするので注意が必要である。
たとえば、猫鬼が熱湯で大やけどすると、
飼い主もなぜか大やけどするのである。

猫鬼
ぎゃ〜。
あちちちち
わっ！なんだか知らないが大やけどした
飼い主

No.088

酒を腐らせる術

中国では市民を脅迫して金品を巻き上げる暴力団員のような妖術師が、酒を腐らせる術や煮物を冷ます術を使って人々を困らせた。

●人を困らせて金品を巻き上げた黒魔術師たち

中国には、妖術の力で人を困らせるばかりか、一般市民を脅迫して金品を巻き上げる暴力団員のような妖術師もたくさんいた。酒造家の酒を腐らせたり、煮物屋の煮物を冷たくしたり、養魚池を荒らして魚が取れないようにしたりして、経営者を脅して金を巻き上げるのである。この種の魔術は人を呪い殺す魔術のように恐ろしくはないが、一般市民に害悪を撒き散らす黒魔術の類であることに間違いはない。

ここで、こうした黒魔術の中から、酒を腐らせる術を紹介しておこう。中国南宋時代の洪邁《こうまい》が書いた怪奇小説集『夷堅志《いけんし》』にある話である。

湖北襄陽《じょうよう》地方の鄧城《とうじょう》県でのこと、ある妖術師が毎年酒屋を回っては金を要求していたが、その年に限って金持ちの酒屋に行くと「お宅は裕福だから、いつも以上に出してほしい」といい、多額の金を要求した。もちろん、酒屋はこれを拒否した。すると、妖術師はすぐにも宿屋に戻ると、下男を件《くだん》の酒屋に使いに出して酒1升を買ってこさせた。これを小さな壺に入れ、さらに汚物を入れて掻き混ぜた。それから、山のふもとに運び、数回禹歩をして呪文を唱え、地面に埋めて立ち去った。

たまたまこれを見ていた道士がおり、その後、偶然にも件の酒屋を尋ねると店中が大騒ぎしていた。聞けば、ある妖術師に苦しめられ、店中の酒甕から糞の匂いがしてどうしようもない。それで、これから妖術師に要求された金を払いにいこうと思っているというのだ。これを聞いた道士は、「そんなことはしなくていい。わしの術で何とかしてやろう」といい、香を焚いて呪文を唱えた。すると半日で悪臭は消え去った。しかも、金をせびった妖術師はこの日以来、足にこぶができ、歩くこともできなくなり、数年後には糞尿まみれで死んでしまったというのである。

酒を腐らせる術 ➡ 酒造家の酒を腐らせ、金品を巻き上げる黒魔術

酒を腐らせる術のやり方

怪奇小説集『夷堅志』によれば、
酒造家の酒を腐らせる術は以下のように行うという。

①酒造家から酒１升を購入し、これを小さな壺に入れ、さらに汚物を入れて掻き混ぜる。

↓

②山のふもとに運び、数回禹歩をして呪文を唱える。

↓

③地面に穴を掘り、酒と汚物の入った壺を埋める。

↓

④これだけで酒造家の酒のすべてが腐って悪臭を放ち始めるという。

No.089

狐涎の法

狐涎の法は狐の涎を使って憎い相手を殺し、死後にはその人物を自由に操り奴隷として働かせることができる黒魔術である。

●人を化かす狐の涎の黒魔術

狐涎《こぜん》の法は中国の宋代に、福建・広東・広西などの中国東南地方で行われた南法と呼ばれる邪法の一種で、狐の涎《よだれ》を使って人を害する術である。挑生《ちょうせい》法と類似の術で、憎い相手を殺した上に、死後にはその人物を自由に操り奴隷として働かせることができるのである。

以下のような方法で行う。まず、口の小さな壺の中に肉片を入れて狐が出没する野外に埋める。と、狐がそれを見つけて食べようとするが、口が入らないので、壺の中に涎を垂らす。この涎が肉片に浸み込んだら、取り出して日に曝して干し肉にする。この干し肉を粉末にして飲食物に混ぜ、呪詛する相手に食べさせるのである。すると、食べた人間は死に、死後には奴隷として自由に働かせることができるようになるというのである。

しかし、狐涎の法には別な利用法もあった。それは、呪詛する相手を異形の姿に替えてしまうというものである。やり方は簡単である。先のやり方で狐の涎を手に入れたら、この涎を桶の水に混ぜ、それで人に顔を洗わせるのである。そうすると、その水で洗った部分だけ顔の形が変形し、異形となってしまうのである。たとえば、ある人が顔の左半分だけ洗ったとすれば、その左半分だけが異様な形に変形し、右半分は元の形のまま残るのである。

狐涎の法は宋代の中国東南地方で流行したものだが、後には西北地方にも伝わった。その証拠には、金の大定年間（1161～1187年）に陝西地方のある妖術師が狐の涎を入れた壺を隠し持ったという罪で処刑されたという記録がある。狐はよく人を化かすという伝承は中国にもあったので、狐の涎にも何か特別なパワーがあると考えられ、このような魔術が生まれてきたと想像できる。

狐涎の法

狐涎の法 → 狐の涎を使って人を害する黒魔術
→ 南法という邪法の一種

死ね！
特徴は？
働け！

憎い相手を殺した上に、死後は奴隷として働かせることができる

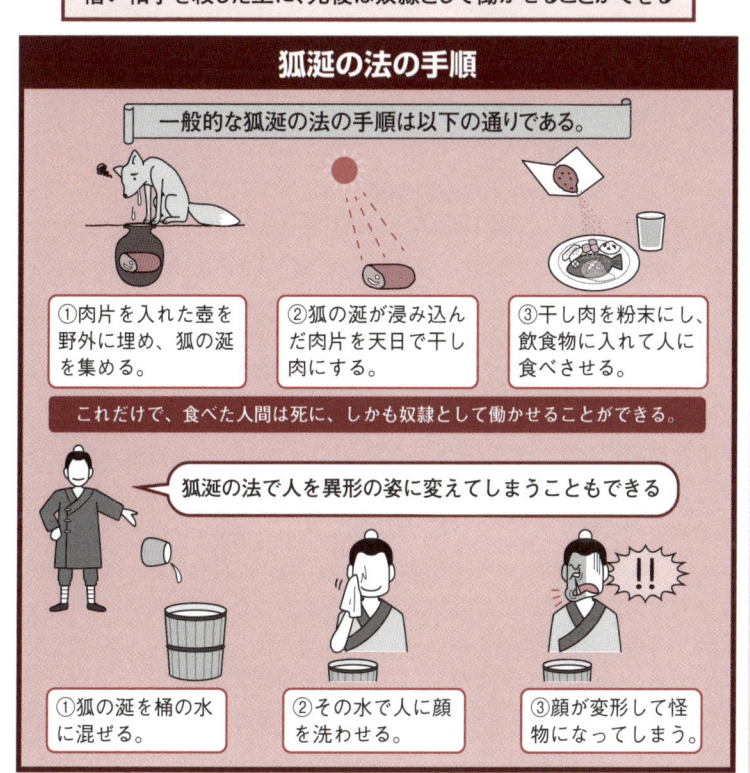

狐涎の法の手順

一般的な狐涎の法の手順は以下の通りである。

①肉片を入れた壺を野外に埋め、狐の涎を集める。

②狐の涎が浸み込んだ肉片を天日で干し肉にする。

③干し肉を粉末にし、飲食物に入れて人に食べさせる。

これだけで、食べた人間は死に、しかも奴隷として働かせることができる。

狐涎の法で人を異形の姿に変えてしまうこともできる
!!

①狐の涎を桶の水に混ぜる。

②その水で人に顔を洗わせる。

③顔が変形して怪物になってしまう。

No.090

玉女喜神術

玉女喜神術は、眠りかけて夢うつつの女性を自分の部屋に瞬間移動させ、誰にも知られずに女性と関係を持つ、わいせつ目的の黒魔術である。

●誰にも見られず夢うつつの女性を口説いて姦淫する術

誰にも知られずに女性とつき合って卑猥なことをするための黒魔術は中国にもたくさんある。玉女《ぎょくじょ》喜《き》神術《しんじゅつ》もそのひとつである。

南宋時代の作家・洪邁《こうまい》が編纂した志怪小説集『夷堅志《いけんし》』（丁志巻十八）に、ある道士が玉女喜神術を使って若い女性を妊娠させた話がある。

それによると、その女性は江蘇地方の茅山に近い句容県に住んでいたが、結婚前に妊娠してしまった。両親は娘が秘かに男とつき合ったのかと疑ったが、普段から家を出たこともないし、男が家に遊びにきたこともなかった。そこで、問い詰めると、娘が次のように打ち明けた。毎晩、娘が床に就くと、必ず夢かうつつかわからない状態になり、そこにある道士が現れてどこかの部屋に迎えられる。そこで食事を共にするだけならいいが、誘われるまま一緒に寝てしまう。そのために娘は妊娠してしまったので、長いこと恥ずかしくていうことができなかったというのだ。

話を聞いた両親はそういう悪い道士が茅山にいることを知っていたので、すぐにある策を練った。法事と称してそのあたりの道士をすべて招待し、垂れ幕の陰から娘にのぞき見させたのである。結果、ある**道観**の道士が犯人と分かったのですぐにも役所に訴えて捕縛させた。役人はそれを調べて玉女喜神術を使ったことがわかった。ところが、牢屋に閉じ込めたにもかかわらず、道士が数語の呪文を唱えると黒い霧がもやもやとあたりを包み込み何も見えなくなった。そして、霧が晴れるとその道士も消えてしまったというのである。この話から、玉女喜神術の使い方はわからないが、どういうものかはよくわかるだろう。玉女喜神術は道教の術者が使う術であり、眠りかけて夢うつつの女性を自分の部屋に瞬間移動させ、誰にも知られずに女性と関係を持ってしまうものなのである。

玉女喜神術 ➡ 誰にも知られずに女性に卑猥なことをする黒魔術

玉女喜神術のメカニズム

南宋時代の小説集『夷堅志』の物語から、
玉女喜神術の原理は以下のようなものだと考えられる。

①気に入った若い女性に、玉女喜神術をかける。

↓

②若い女性が毎晩、寝床に入ると必ず夢かうつつかわからない状態になる。

↓

③そこに術者が現れ、どこかの部屋に連れていかれる。

↓

④その部屋で食事をするだけでなく、必ず一緒に寝てしまう。

↓

⑤その結果家から出たこともないのに女性は妊娠してしまう。

用語解説

●**道観**→出家した道士が集まって住んでいる道教の施設。

No.091

中国の植物性媚薬

植物を材料とした媚薬は中国でも一般的に用いられ、和合草、相憐草、安駝駝などの名前が昔の文献に採り上げられている。

●どんな相手でも惚れさせる和合草、相憐草、安駝駝

相手の意志とは関係なく異性を引きつける求愛の黒魔術は中国にも存在したが、その中でも一般的なのは植物で作った媚薬《びやく》を用いるものだった。

媚薬の材料となる植物としては、和合草《わごうそう》、相憐草《そうれんそう》、安駝駝《あんだだ》などの名前が昔の文献に採り上げられている。

清代の作家・劉崑《りゅうこん》の見聞記『南中雑説』によれば、和合草は雲南地方で用いられていた媚薬で、とくに醜い女が男に飲ませるものだった。そうすると、その男の目にはどんな醜い女でも絶世の美女に見えてしまい、一生涯離れられなくなってしまうのである。

和合草については他の文献にも記述があり、必ず一対が向き合った形で生えるとか、まるでマンドラゴラのように男女が絡まっているような形をしているという話もある。

宋代の作家・周密の『癸辛雑識《きしんざっしき》』には相憐草という媚薬の話がある。この草は広西地方に生えているとされているが、使い方がちょっと変わっている。媚薬といえば相手に飲ませるのが普通だが、相憐草は全く違った使い方をする。つき合いたい相手がいたら、この草を少量つまみ、気づかれないように投げつけるのである。その結果、草が相手の身体について離れなければ、相手は自分の思い通りになってしまうのだという。

清代の作家・曹樹翹《そうじゅぎょう》の『滇南雑志《てんなんざっし》』には安駝駝という植物が登場する。これは雲南地方にあったという、とんでもなく強力な薬で、これを使えば間違いなく異性を引きつけられるばかりではない。この地方の女性は媚薬ができると効き目を試すために2個の大きな石を持ってくる。そして、3mくらい離して部屋の隅に置き、この薬を塗るのだ。そうすると夜の間に2個の石が自然に移動してくっついてしまうという。

中国の植物性媚薬 → 媚薬の中でも最も一般的に使用された

有名な中国の植物性媚薬

中国の植物性媚薬の中では、和合草、相憐草、安駝駝という名前の植物がとくに有名である。

和合草

- 雲南地方で用いられた媚薬。
- 男に飲ませると、どんな醜い女も美女に見えてしまう。

相憐草

相憐草を少量つまみ、気付かれないように投げつけ、草が相手の身体について離れなければ、相手は自分の思い通りになるという。

- 広西地方の媚薬。
- 相手に投げつけて使用する。

安駝駝

- 雲南地方の、とんでもなく強力な媚薬。

安駝駝の媚薬を巨大な2個の石に塗って一晩放置しておくと、朝には2個の石がぴったりくっついているほどの威力がある。

No.092

中国娼家の性愛魔術

中国明代の小説に登場する中国の売春婦は、金持ちの男を引き留め、大金を貢がせるために、不気味でグロテスクな性愛魔術を使った。

●男を娼婦から離れられなくする月経血の呪術

中国明代の作家・祝允明《しゅくいんめい》編纂の怪異小説集『志怪録《しかいろく》』に、中国のある娼家《しょうか》（昔の売春宿）に伝えられていたという、男を引き留めるための性愛魔術の話がある。この魔術をかけられると、男は特定の娼婦から離れられなくなり、結果として大金を貢がされることになるのである。

物語の中で、この魔術をかけられたのはひとりの青年である。青年はある娼婦に夢中になり、すでに1年間もその娼家に宿泊し続けていた。金持ちだったので、娼婦の方でも青年のために至れり尽くせりのサービスをした。

そんなある日のこと、青年が昼寝をしていると娼婦が家に帰ってきた。ふと見ると手に昼食のおかずの魚を持っていた。それが不思議だったので隠れて見ていると、女は魚を持ったまま便所に入っていった。青年はさらに不思議になり、近づいてよく見た。すると女は魚を小さな容器の中に入れ、そこに別な容器から普通でない色の液体を注ぎ込んだ。なんとそれはその娼婦自身の月経血だったのである。

青年はびっくりすると同時に、娼婦の狙いを悟《さと》った。娼婦は自分の月経血を浸み込ませた魚を青年に食べさせることで、さらに長期間にわたって彼を引き留めようとしたのである。

しかし、その現場を見られてしまったので何もかもが露見してしまった。青年の愛着も切れてしまった。青年は腹を立て、すぐにも娼婦に別れを告げて立ち去ったという。

ここで語られている魔術はいかにも奇怪な感じだが、女性の月経血を使った魔術は中国ではよく行われていたようだ。たとえば、月経血を浸み込ませた布を家の戸の前に埋めておくことで、一度中に入った人を、男でも女でも、その家から立ち去らないようにすることができるのだという。

中国娼家の性愛魔術

娼家の性愛魔術
なじみの客が娼婦から離れられなくなる黒魔術
その方法は？
娼婦の月経血を浸み込ませた魚を客に食べさせる。
客は娼婦から離れられなくなり、大金を貢いでしまう。

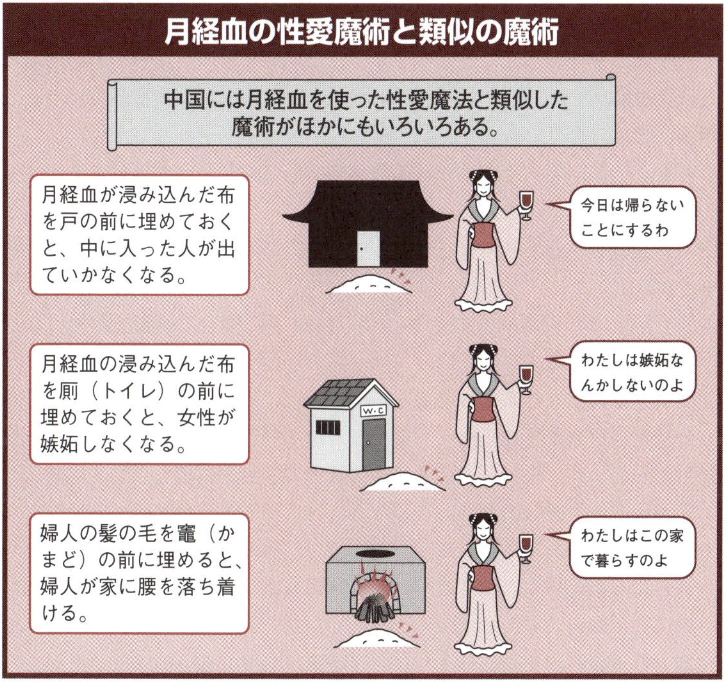
月経血の性愛魔術と類似の魔術
中国には月経血を使った性愛魔法と類似した魔術がほかにもいろいろある。
月経血が浸み込んだ布を戸の前に埋めておくと、中に入った人が出ていかなくなる。
今日は帰らないことにするわ
月経血の浸み込んだ布を厠（トイレ）の前に埋めておくと、女性が嫉妬しなくなる。
W・C
わたしは嫉妬なんかしないのよ
婦人の髪の毛を竈（かまど）の前に埋めると、婦人が家に腰を落ち着ける。
わたしはこの家で暮らすのよ

No.093

陰門陣の秘法

たくさんの女性が敵陣に向かって陰部を丸出しにして敵の火砲を無力化する、明代末期から盛んに使われるようになった珍妙な黒魔術。

●女性が下半身を丸出しにして敵の大砲を無力化する

陰門陣《いんもんじん》の秘法はたくさんの女性が敵陣に向かって陰部を丸出しにすることで、敵の火砲を無力化するという、明代末期から盛んに使われるようになった珍妙な魔術である。

明末に流れ者の盗賊集団が河南の都市開封を襲ったとき、城中の守りが固く、3回攻撃しても城はびくともしなかった。そこで、困り果てた賊軍が奇抜な術を用いた。賊たちは女性数百人を拉致してきて、その全員に下半身を露出させ、地面に逆立ちさせて敵を罵倒したのである。と、驚くことに、城壁上の大砲がすべて不発になってしまった。この術を名付けて、「陰門陣」といったという。

しかし、陰門陣には有力な対抗策があった。開封の守将はそれを知っており、すぐにも数百人の僧を集め、裸にして城壁の上に立たせた。すると、賊軍の火砲もみな不発になってしまったが、これを「陽門陣《ようもんじん》」といったという。

新しいところでは明代の光緒20年（1894年）にもこの魔術が使われたという記録がある。

四川省で盗賊たちが反乱を起こし、順慶市に攻め寄せたときのことである。提督は討伐軍を送り出し、都城の上から討伐軍と盗賊軍との戦いを視察した。と、敵の盗賊軍が全裸の女性数十人を前列に押し立てて現れ、天に向かって泣き叫び始めた。このために討伐軍の大砲はすべて不発になってしまったのである。

いかにも風変わりな魔術だが、その原理は簡単である。女性の陰部は当然のように陰の力を持っている。そこで、この力を大量に結集することで、火砲という陽の力を制圧しようという魔術なのである。

陰門陣の秘法

陰門陣の秘法 ➡ 女性が敵陣に向かい陰部を丸出しにすることで、敵の火砲を無力化する術

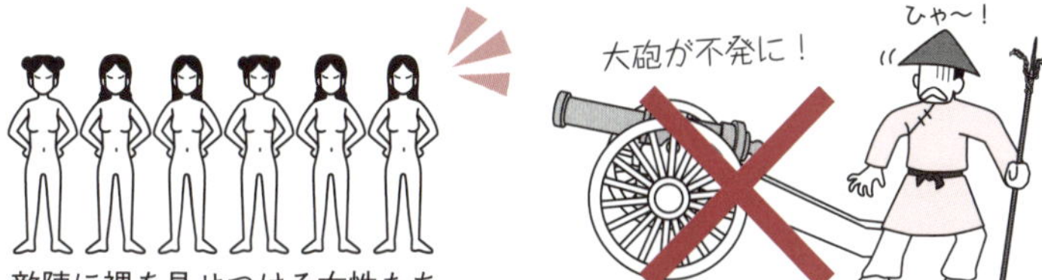

敵陣に裸を見せつける女性たち。

その原理は？

女性の陰のパワーを大量に集め、大砲の陽のパワーを粉砕する

「万人塚」に見る陰門と陽門の対抗戦

清の作家・屠芴巖《とこつがん》が書いた志怪小説集『六合内外瑣言《りくごうないがいさごん》』の「万人塚」という小説にも陰門と陽門の対抗戦の話があるので紹介しておこう。

妖術師の汪崙《おうろん》という者が山東の斉州で民衆を扇動して反乱を起こしたときのことである。汪崙は女弟子を率いて清淵城を囲んだ。城の守備隊長・荊公はすぐにも大砲で敵を撃たせた。すると賊軍は女弟子たちに声を限りに呪文を唱えさせた。荊公は驚き、「これこそ陰門陣である」といい、城中の兵卒に下半身の毛を剃らせ、その毛を砲中に入れて撃たせたところ、多数の賊を殺傷した。これに対し、賊軍は15歳以下の少年たちを裸にして、矢を城中に射させたので、今度は守備隊に多数の死傷者が出た。荊公は「次は陽門陣できたか」といい、多数の娼婦を城壁上に並ばせ、賊軍に向けて陰部を露出させた。これは陰陽の戦いであるが、ただの陰陽ではなく、老陰と少陽の戦いだった。それゆえ、老陰である娼婦が少陽である少年たちに打ち勝った。この結果、1カ月ほどで賊軍は敗れ、反乱者たちは皆殺しにされたというのである。

用語解説

●**志怪小説**→魏晋南北朝時代の中国で書かれた怪異な出来事を集めた記録集のこと。

No.094

摩臍過気の法

男女が裸になってお互いのへそとへそをこすり合わせ、へその穴を通じて互いの精気を交流させるという、性交目的のわいせつな黒魔術。

●男女の性交を目的とした邪教の秘儀

摩臍過気《ませいかき》あるいは摩臍気《ませいき》とは、男女が裸になってお互いのへそ（臍）とへそをこすり合わせ、へその穴を通じて互いの精気を交流させる術である。というと何か高級なもののようだが、その実はただ単に男女の性交を目的としたエロ魔術だった。そもそも、男女が裸で互いのへそをこすり合わせる体位はまさに性交の体位であって、建前はどうあれ、最終的に性交を目的とした邪術だったのである。

明の景泰《けいたい》年間（1450～1457年）のこと、蘇州の尹山《いんざん》という町に、ある道士が移り住むと、その弟子たちが町中に宣伝して回った。

「われらが師は道教の呼吸法を実践すること10年。病気のある者は師とへそをこすり合わせるだけですぐに癒える。また、病気がない者はそうすることで寿命が延びる」と。

これを聞いて町の女性たちがやってくると、弟子たちは女性たちの目を毒液で洗浄させた。その毒液とは蠱毒法によって得られた毒虫の毒を水に混ぜたものだった。このために女性たちはみな目がまぶしいような異常な状態になってしまい、さまざまな鬼神の姿を見て、それを本当の仏だと信じ込んでしまったのである。そこで、道士は女性たちを裸にさせ、裸体で抱き合って姦淫してしまうのである。

こうして多くの女性たちがエロ道士の毒牙にかかったが、姦淫されたといって訴える者もなく、被害があとを絶たなかったのである。

町役人のひとりがこの道士を逮捕しようとしたことがあったが、兵士たちは道士の術を恐れて出動を拒否したほどだった。だが、ある怖いもの知らずの武士が突撃し、ついに道士と弟子たちを逮捕した。そして、蘇州の首都まで護送して市中で処刑したのである。

摩臍過気の法

摩臍過気の法 → 男女がへそをこすり合わせ互いの精気を交流させる
→ 男女の性交目的のエロ魔術

へそを通じて互いの精気を交流させる。

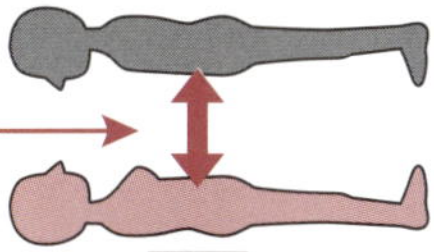

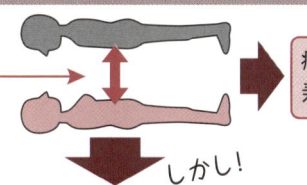

→ 病気が治る。寿命が延びる。

しかし!

実は性交目的の邪術だった!

エロ道士のだましのテクニック

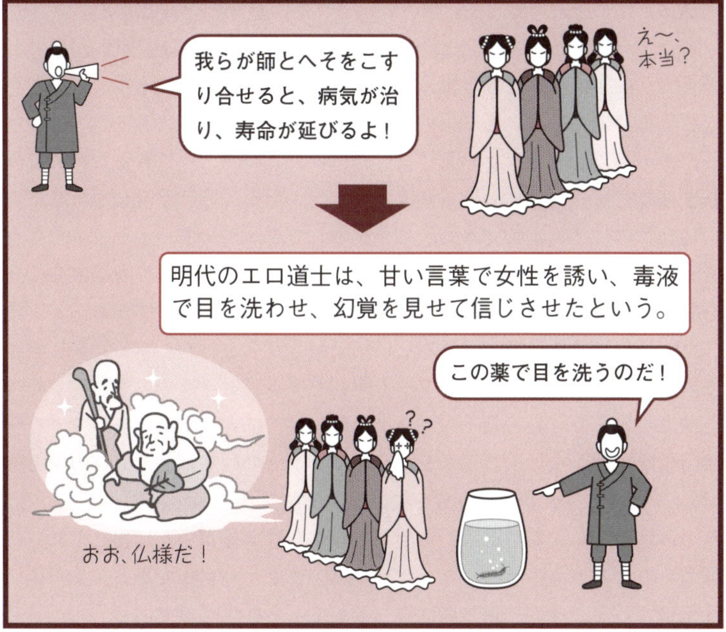
我らが師とへそをこすり合せると、病気が治り、寿命が延びるよ！
え〜、本当？
明代のエロ道士は、甘い言葉で女性を誘い、毒液で目を洗わせ、幻覚を見せて信じさせたという。
この薬で目を洗うのだ！
??
おお、仏様だ！

No.095

ヴァジュラバイラヴァの秘法

手に負えない犯罪者がそれ以上に大きな罪を犯す前に呪殺し、文殊菩薩が主催する浄土へ送り届けるという、一見白魔術のような黒魔術。

●神と一体化して水牛の角で敵を討つ

ヴァジュラバイラヴァの秘法は、チベット密教史上、最も有名な呪術者のひとりで、11～12世紀ころに活躍した怪僧ドルジェタクが得意とした黒魔術である。ドルジェタクは自分が行うその秘義を度脱（ドル）と呼んだ。それは、手に負えない犯罪者を、彼がそれ以上に大きな罪を犯す前にヴァジュラバイラヴァの力で呪殺し、ヴァジュラバイラヴァの本体とされる文殊菩薩が主催する浄土へ送り届けるというものである。だから、彼はこの秘儀はただの呪殺ではなく、万人のためになる慈悲の行為と考えていた。

ヴァジュラバイラヴァとは密教の大威徳明王（No.064参照）が発展した神で、9個の顔と34本の腕、34本の足を持ち、その顔は水牛のもので角が生えているという、恐ろしい姿の神である。

ヴァジュラバイラヴァの秘法を行うには、この神になりきるための成就法を修行によって身につける必要があった。だが、それを身につければこの秘法は誰にでも実践できた。心を集中してヴァジュラバイラヴァの存在を具体的に思い描き、自分自身がその神と一体化し、自分自身の水牛の角を振り回して、敵を打ち砕く場面をイメージすればいいのである。

ただそれだけで、非常に恐ろしい結果がもたらされた。あるとき、ディキムパという有力者が、仲間を引き連れてドルジェタクの妻を誘拐したことがあった。怒り狂ったドルジェタクは、すぐにもヴァジュラバイラヴァの秘儀を実践した。彼はヴァジュラバイラヴァの観想に入り、この神と融合し、この神の水牛の頭の角を振り回し、敵に向かって打ちつけた。と、その瞬間、ディキムパとその仲間たちの住む村全体が粉々に粉砕され、犯罪者たちの身体もろとも、ヴァジュラバイラヴァの本体である文殊菩薩の浄土にあっという間に送り届けられてしまったというのである。

ヴァジュラバイラヴァの秘法

ヴァジュラバイラヴァの秘法 →
- 怪僧ドルジェタクの得意とした黒魔術
- 犯罪者が罪を犯す前に、文殊菩薩の浄土へ送る

だから、呪殺ではなく慈悲の行為「度脱」（ドル）なのだ！

…と怪僧ドルジェタクは考えた。

ヴァジュラバイラヴァの秘法の実践方法

ヴァジュラバイラヴァの秘法は以下のようにして行うとされている。

①ヴァジュラバイラヴァ神になりきるための成就法を修行によって身につける。

↓

ヴァジュラバイラヴァは密教の大威徳明王が発展した恐ろしい姿の神である。

②心を集中してヴァジュラバイラヴァの存在を具体的に思い描く。

↓

③神と一体化し、水牛の角を振り回し、敵を打ち砕く場面をイメージする。

これだけで、敵はこの世から消え、文殊菩薩の浄土にあっという間に送り届けられてしまう。

No.096

ゾンビの黒魔術

共同体の掟を破った犯罪者を仮死状態にし、それをよみがえらせ、自分の意志を持たない奴隷として過酷な仕事に従事させるハイチの黒魔術。

●死者をよみがえらせて奴隷にする黒魔術

ヴードゥー教が信仰されている**ハイチ共和国**では、ボコールという黒魔術師が、生きている人間をゾンビにすると信じられている。ゾンビとはよみがえった死者のことだが、よみがえるといっても、生きていたときと同じ自分になるわけではない。ゾンビは自分の意志など全く持たず、ただただ魔術師の奴隷となって働くだけの、完全に操られた存在である。ゾンビの仕事は主に農作業だが、それ以外の過酷な仕事をさせられることもある。それで、ハイチの人々はゾンビそのものよりも、自分自身がゾンビにされてしまうことを極度に恐れるのだという。

ゾンビの作り方については、ハイチでゾンビの研究をしたハーバード大学の研究者ウェイド・デイヴィスの著作『蛇と虹―ゾンビの謎に挑む』にひとつの説が書いてある。それによれば、ゾンビを作り出すにはゾンビ・パウダーという粉が使われる。それを食べ物に混ぜて食べさせるか、傷口に塗ることで血液中に入れるのである。このパウダーはヒキガエルやヘビ、カシューナッツの葉などさまざまな動植物成分を含むが、とくに重要なのはある種のフグの毒に含まれる「テトロドトキシン」という成分である。これによって生きていた人間がまるで死んだようになってしまうというのだ。こうして死んだようになった人間は埋葬され、そのあとでボコールがその死体を掘り出す。そして、今度はサトウキビ、サツマイモ、ダチュラ・ストラモニウムなどが入った飲料を飲ませて生き返らせる。この飲料はある種の幻覚を起こす力があり、生き返った人間は、魔術師に新しい名前を与えられるや催眠状態になり、魔術師の命令通りに動くゾンビになるしかないというのだ。しかし、ボコールが人をゾンビにするのは、実は共同体の掟を破った者に対する一種の刑罰なのだとデイヴィスは書いている。

ゾンビの黒魔術

ゾンビ →
・ハイチで信じられているよみがえった死者のこと
・黒魔術師ボコールによって作られる

ゾンビは奴隷として重労働させられるので、ハイチ人はゾンビそのものより、ゾンビにされてしまうことを極度に恐れるという。

ゾンビの作り方

研究者ウェイド・デイヴィスによると、ゾンビはこのように作るという。

ゾンビを作る黒魔術師ボコール

①さまざまな動植物成分からゾンビ・パウダーという粉末を作る。

②ゾンビ・パウダーを食べ物に混ぜて人に食べさせる。これで、人は仮死状態になる。

③仮死状態の人を一度埋葬し、その後密かに掘り出す。

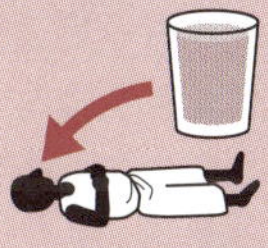

④掘り出した死体に、サトウキビ、サツマイモなどが入った特別飲料を飲ませる。

⑤死体が生き返ったら新しい名前を与える。これで、死体は魔術師の命令通りに生きるゾンビになる。

用語解説

●**ハイチ共和国**→中央アメリカの西インド諸島のイスパニョーラ島西部にある共和国。

No.097

バリ島の黒魔術師レヤック

魔女ランダに仕え、身体から魂を抜け出させたり、サルや豚などの動物や、棺桶や自動車などに変身し、さまざまな悪行を行うバリ島の黒魔術師とは。

●バリ島の人々に恐れられる黒魔術師レヤック

インドネシアのバリ島では、レヤックという黒魔術師の存在が信じられているので、ここで採り上げておこう。

レヤックはバリ島に伝わる魔女であり、黒魔術師であり、黒魔術師たちの女王である魔女ランダに仕える者たちである。レヤックは、それぞれの村に数人おり、身体から魂だけを抜け出させたり、サルや豚などの動物や、棺桶や自動車などの物に変身し、さまざまな悪行を行うと信じられている。その悪行は広範囲に及び、家族の誰かが、骨折したり、傷が化膿したり、家畜が死んだりすると、それは黒魔術師のせいだとされるのである。また、レヤックはあらゆる病気をもたらし、毒を使うこともあるという。

レヤックが活動するのは真夜中で、墓場、川岸、海辺などによく出現し、死の女神ドゥルガのために、恐ろしい夜宴を開催するという。その夜宴では、人間の生き血を女神に捧げるため、木には内臓が吊り下げられ、滴る血を大釜で受けるのである。そして、木の根元には人間の頭蓋骨や骨が散らばっているという。

真夜中に黒魔術師が集まる姿は、日本の鬼火に似ているといわれている。つまり、真夜中に、丘の中腹あたりを、光が列をなして行進していくのだが、それが移動したり、立ち止まったり、漂ったりする。そして、突然消えたり、また輝き出したりするのである。

レヤックにはランクがあり、最高の存在は魔女ランダだとされている。魔女ランダは究極の黒魔術師であり、死の女神ドゥルガと同一視されることもある恐ろしい存在である。そして真夜中ともなれば、魔女ランダもレヤックと一緒に動き出し、墓を暴いて死体を食べたり、疫病を広めたり、飢饉を起こしたりして、人間界に不幸を広めると考えられているのである。

バリ島の黒魔術師レヤック

レヤック → ・バリ島に伝わる魔女・黒魔術師

その特徴は？

魔女レヤック

魔女ランダは究極の黒魔術師で、レヤックはその配下として働いている。

魔女ランダ

魔女レヤックは各村に数人おり、いろいろな悪行を働く。

魔女レヤックの夜の祭りでは、木に内臓を吊り下げ、血を大釜で煮て、死の女神ドゥルガに捧げる。

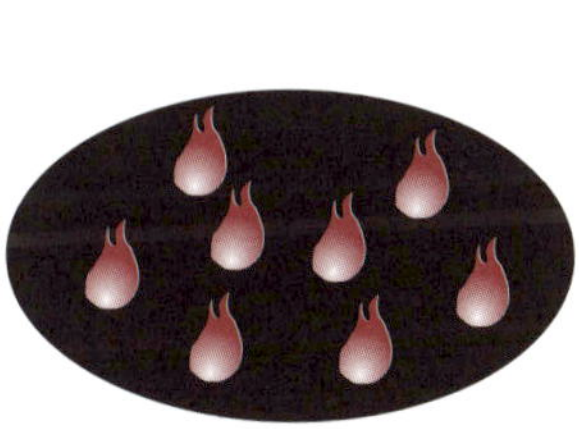

魔女レヤックは真夜中の集会のために鬼火のように行列で移動する。

No.098

アザンデ人の復讐呪薬

南スーダンや中央アフリカ共和国などに分布しているアザンデ族の人々が使う呪物で、常に正義の名のもとに犯罪者を呪殺する恐るべき呪薬。

●正義の名のもとに復讐をとげる黒魔術

復讐呪薬（バグブドゥマ）は、南スーダンや中央アフリカ共和国などに分布しているアザンデ族の人々が使う呪物のひとつである。

アザンデ人は、人が死ぬと、妖術師か邪術師の犠牲になったと考え、復讐呪薬を行う。そうすることで、犯人を死刑に処し、正義を貫くのである。何かを盗まれた場合も、同じように復讐呪薬を行う。被害者は、すぐに小さな小屋を作り、その下の地面に呪薬を埋めるか、小屋の中に吊るす。そして、呪薬に対して、犯人を呪い殺すための呪文を唱えるのだ。

「おまえは不幸になれ！おまえに雷が落ち、命を奪われてしまえ！蛇に咬まれてしまえ。病気で死んでしまえ。…おまえは間もなく死ぬだろう。あらゆる苦しみに襲われるだろう。狩りの最中に、罠に落ちてしまい、仲間はおまえを獲物と間違えて刺し殺すだろう！」

しかし、使用される呪薬がどんなものであるかは明らかにされない。アザンデ人は呪術を全く個人的に行い、自分がどんな呪物を使うか人に知られないようにするからである。

注意したいのは、復讐呪薬は絶対に正義のために用いるものだということだ。復讐呪薬を、罪のない人間に悪意を持って用いるようなことは、してはいけないのである。そんなことをすると、復讐呪薬は舞い戻ってきて、魔術を使った人間を滅ぼすからだ。呪薬は罪人を探しにいくが、罪人は存在しないので、ついに見つけることができずに舞い戻り、自分を送り出した人間を殺すのだ。したがって、復讐呪薬を行う前には、占い師にうかがいを立て、死者が悪い妖術師や邪術師の犠牲になったのだということを確認しておくのである。また、犯人との間で賠償が成立したときは、呪薬が誰かを傷つける前に、早急に破壊しなければならないのである。

アザンデ人の復讐呪薬

復讐呪薬 ➡ 犯人を死刑にするためのアザンデ族の呪殺術

復讐呪薬の使い方

アザンデ人たちは復讐呪薬の魔術を以下のようにして行うという。
ただし、何が呪薬であるかは、秘密になっているので不明である。

①魔術を行う前に占い師にうかがいを立て、復讐呪薬を使っていいかどうか確認する。

⬇

②小屋を作り、その中に復讐呪薬を埋める。または吊るす。

⬇

③犯人を呪い殺すための呪文を唱える。

⬇

④すると、呪薬が犯人を探しにいき、見つけると呪い殺す。

⬇

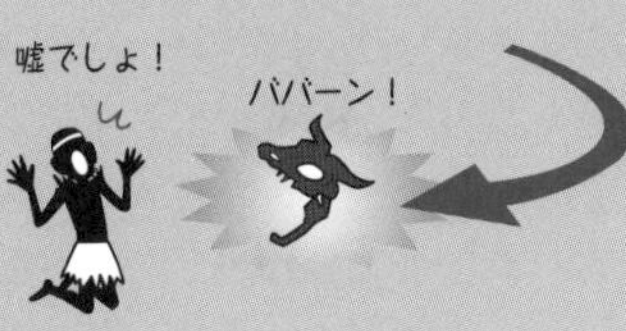

⑤もしも、悪い犯人が存在しないのに復讐呪薬を用いた場合、呪薬は舞い戻り、呪いをかけた者を殺す。

No.099

アザンデ人の悪い呪薬

アザンデ人の「悪い呪薬」は、とにかく誰が見ても邪悪な目的のために使われる黒魔術の呪物であり、所有しているだけで重罪になるという。

●悪い呪薬によって人を殺す黒魔術

南スーダンや中央アフリカ共和国などに分布しているアザンデ族の人々は、悪意を持って人を病気にしたり、殺したりしたいとき、「悪い呪薬」を使用した黒魔術を行う。悪い呪薬にはいろいろな種類があり、人を殺す呪薬のほか、法的な手続きを無効にする呪薬、他人の家族関係を崩壊させる呪薬などもある。とにかく誰が見ても邪悪な目的のために使われるものであり、悪い呪薬は持っているだけで重罪になる。

ここで、悪い呪薬の中でも最も恐れられているメンゼレを採り上げ、その使い方を紹介しよう。メンゼレは、黒魔術師だけが知っている、ある植物から抽出したものと考えられている。ある植物を挽いて粉にしたものだという人もいる。どちらにしても、人を呪詛しようという者は、満月の夜、危害を加えたい相手の敷地に行き、その家の入口、敷地の中央、そこへ至る通路のいずれかに呪薬を撒き散らしておく。このとき、相手の名前をはっきりといい、呪文を唱える。すると、その場所を通るときに、名前を指定された者だけが、呪薬に襲われる。そして、家に戻るや、首が絞められたようになって死んでしまうのである。こうして、敵を倒すことに成功したら、黒魔術師は犠牲者の死後数日間は、**ビンバ草の腰巻**を着ける。これを怠ると、黒魔術師自身が病気になってしまうのである。

反対に、悪い呪薬で誰かから呪詛されたと思ったら、道の交差する所へ行き、跪《ひざまず》いて地面を掘り、穴の中に次のようにいう。「わたしの中にいるメンゼレよ。わたしはおまえのために穴を掘った。お前がメンゼレなら、どこにでも行くがいい。そして、私が子供のころからたどったすべての道をたどるがよい。そのあとで私を殺してくれ。もしそれができないなら、わたしを殺すのをやめてくれ」。こうすれば、殺されるのを免れるという。

アザンデ人の悪い呪薬

悪い呪薬 → アザンデ人が悪意から人を呪うときに使う黒魔術

↓

いろいろな種類がある

人を呪殺する呪薬

法手続きを無効にする呪薬

他人の家庭を崩壊させる呪薬

悪い呪薬の使い方

「悪い呪薬」の中でも最も恐ろしいメンゼレは以下のように使うという。

①メンゼレの原料となる植物を挽いて粉にする。

↓

②満月の夜、殺したい相手の家の入口、敷地の中央、家に至る道のいずれかに行く。

↓

③相手の名前をはっきりといい、呪文を唱えながらメンゼレの粉を撒く。

↓

④呪薬の上を相手が通ると、家に戻るや、首が絞められたようになって死ぬ。

↓

⑤呪殺が成功したら、ビンバ草の腰巻を着ける。忘れると、自分が病気になる。

用語解説

●**ビンバ草の腰巻**→アザンデ人は喪に服すとき誰でもこの腰巻を着けるので、着けていても黒魔術を使ったと怪しまれることはない。

No.100

マレー半島の恋の魔術

マレー半島の恋の魔術を使えば、どんなに冷たい美人でも自分の思い通りにすることができ、昼でも夜でも好きなときに呼び寄せることができる。

●冷たい美人の魂を我が物にする黒魔術

どんなに冷たい美人であっても、その魂を捕獲することで、自分の思い通りにできる魔術が、マレー半島の人々に伝えられている。

上ったばかりの月が東の空に赤く見えているとき、外へ出て、その月の光を浴びながら、左足の親指の上に右足の親指を重ね、右手でラッパを作り、次の呪文を唱える。「私が矢を放つと月がくもり、日がかげり、星が暗くなる。けれど私が射たのは、日でも月でも星でもない。村のあの娘の魂さ。あの人の魂よ、おいで。一緒に歩こうよ。一緒に座ろうよ。枕を交わしてやすもうよ。いとしいあの娘の魂よ」。これを3度繰り返し、こぶしの笛を吹き鳴らすだけで、恋しい相手がやってくるのである。

これとは別に、相手の魂を頭巾に捕らえてしまう方法もある。

満月の夜とその次の夜、二夜続けて戸外に出る。月の方を向いて蟻塚に腰掛け、香を焚いて次の呪文を唱える。

「おまえに**キンマの葉**をやろう。それに石灰をつけなさい。あの人に噛ませるために。そうすれば、あの人は日の出にも、日の入りにも、わたしに恋い焦がれるだろう。親のことより、家のことより、私のことを思うだろう。雷が鳴っても、風が吹いても、雨が降っても、小鳥が鳴いても、わたしのことを思うだろう。月を見ると、そこにわたしの姿が見えるだろう。あの人の魂よ、わたしのもとにやってこい。わたしの魂はお前のものではないが、おまえの魂はわたしのものなのだから。」

言い終わったら、手に持った頭巾を月に向かって7度振る。それから、家に戻りそれを枕の下に敷いて寝るのである。昼間であれば、香を焚いていう。「わたしの帯の中にあるのは、頭巾ではない、あの人の魂である」。すると、恋しい相手がすぐにも訪れてくるのである。

マレー半島の恋の魔術

マレー半島の恋の魔術 → 相手の魂を捕獲して愛を獲得する黒魔術

恋の魔術の方法

マレー半島の人々が、好きな人を手に入れるためにする
恋の魔術は下のように行うという。

その1

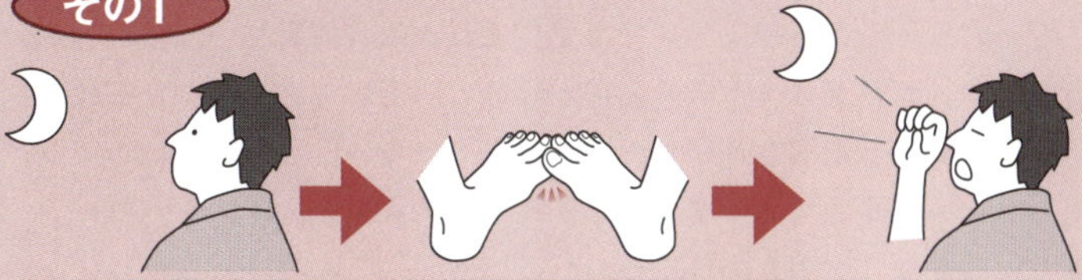

①上ったばかりの月が東の空に赤く見えているとき、外へ出る。

②月光の中で、左足の親指の上に右足の親指を重ね、右手でラッパを作り、呪文を唱える。

③呪文を３度繰り返し、こぶしの笛を吹き鳴らすと、恋しい相手がやってくる。

その2

①満月の夜と次の夜、月の方を向いて蟻塚に腰掛け、香を焚き、呪文を唱える。

②手に持った頭巾を月に向かって７度振る。

③家に戻り、頭巾を枕の下に敷いて寝ると、恋しい相手がすぐにもやってくる。

用語解説

●**キンマの葉**→噛みタバコのような噛んで味わう嗜好品。

No.101

ヴードゥー・ドール

現在も願掛け人形として人気のあるヴードゥー・ドールは、ハイチではなく、ニューオリンズで生まれ育った人形の魔術だった。

●願いに応じて待ち針の頭の色を変える人形の魔術

ヴードゥー・ドールはアメリカで生まれた比較的新しい部類の人形の魔術である。ヴードゥーという名前がついているので、ヴードゥー教のあるハイチの魔術と誤解されがちだが、そうではない。この魔術はルイジアナ州のニューオリンズで生まれた。それがハイチから入ってきたヴードゥー教の影響を受けて現在の形になったという。

ヴードゥー・ドールは現在も行われ、発達し続けている魔術であり、人形の作り方も魔術の方法も魔術師ごとに異なっていることが多い。しかし、ニューオリンズでは、ヴードゥー・ドールは長さの違う2本の木の棒で作るのが一般的である。2本の木の棒を十字に組み合わせ、麻紐でぐるぐる巻きにして、人形にするのである。その上に布を巻いて服を着せる。このとき、魔術をかけたい相手の特徴を人形にも反映させるようにする。相手が髭を生やしているならば、人形にも髭を生やさせるということである。また、人形の内部に相手の写真を入れたり、名前を書いた紙を入れたり、毛髪や爪などを入れたりするのもよい。

人形ができたら待ち針を刺す。ヴードゥー・ドールに特徴的なのはこの待ち針で、魔術の目的によって待ち針の頭の色を変えるのである。つまり、力や権力に関係することは赤、金銭関係は黄色、精神的な安らかさに関することは緑、愛情関係は青、霊性関係は紫、苦痛や復讐に関することは黒、積極性に関することは白、生命や死に関することはピンクである。

人形に針を刺すときにはできるだけ具体的にその内容をイメージすることが大事である。たとえば、相手に苦痛を与えたいならば、「苦しめ、苦しめ」と念じながら苦しめたい部分に頭が黒い待ち針を刺すのである。なぜなら、苦痛を取り去りたいときにも黒い針を用いるからである。

ヴードゥー・ドール

ヴードゥー・ドール ➡
- ニューオリンズ生まれの新しい人形の魔術
- 目的によって頭の色の違う待ち針を使用する

ヴードゥー・ドールの作り方

ニューオリンズのヴードゥー・ドール

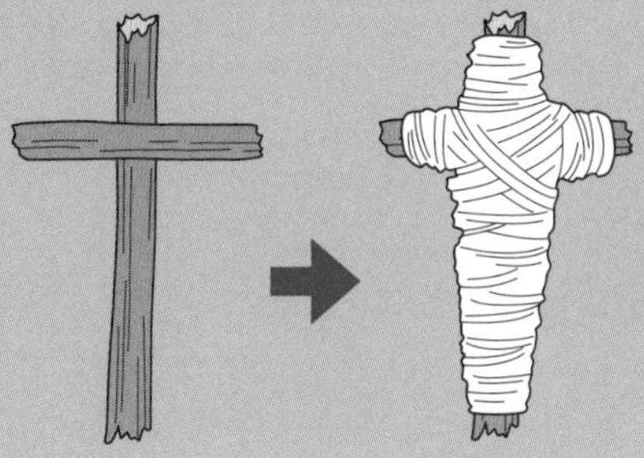

①二本の木の棒を十字に組み合わせて紐で結ぶ。

②木の人形を麻紐でぐるぐる巻きにする。

③麻紐の上に布を巻いて服を着せ、相手の特徴を人形にも反映させるようにする。

使用する待ち針の頭の色と目的

ヴードゥー・ドールの魔術では目的によって、人形に突き刺す待ち針の頭の色が異なっている。

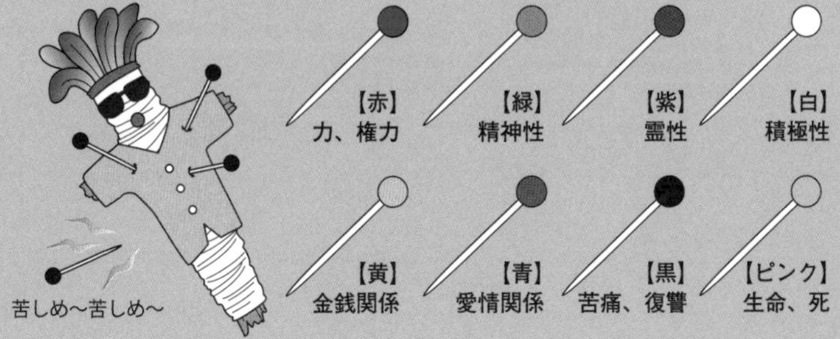
苦しめ〜苦しめ〜
【赤】
力、権力
【緑】
精神性
【紫】
霊性
【白】
積極性
【黄】
金銭関係
【青】
愛情関係
【黒】
苦痛、復讐
【ピンク】
生命、死

人間はなぜ魔術を信じ続けたか？

残念なことに、現代は科学の時代であって魔術（呪術）の時代ではない。この本の読者のみなさんも、いくら魔術好きだからといって、頭から魔術を信じている人はあまりいないのではないだろうか。しかし、科学の時代が来るまでの数千年の間、人間のほとんどが魔術を信じていた。いったいなぜだろうか？　どうしてそんなに信じられたのだろうか？

その答えは簡単で、科学の時代が来るまでは、この世界の出来事を説明する原理は魔術の原理しかなかったからである。魔術の原理というのは、本書の最初でも述べた「共感の法則」である。

こうして、世界が魔術的に説明され、人々が魔術を信じている状況では、実際に魔術に効果があるかどうかはそれほど問題ではなかった。というのは、魔術師はたとえ自分のやり方が失敗だったとしても、それがなぜなのか完璧に説明することができたからだ。

たとえば、ある人が病気になって魔術師のもとを訪ねたとしよう。病人を診た魔術師は、病気を治すために儀式を行い、呪文を唱える。昔の魔術師は薬草などの知識も豊富だったので、それを使って病気が治ることもある。もし治れば、それは魔術が効いたからである。しかし、治らなくても問題はない。言い訳はいくらでもできるのだ。「儀式の手順を間違えてしまった」とか、「患者の訪ねてきた時間が病気治しにはふさわしくなかった」とか、「あなたの病気は私程度の魔術師では治せないので、もっと偉大な魔術師を紹介しよう」という具合である。現代の怪しい新興宗教の教祖様が、「病気が治らないのは、あなたの信心が足りないからです。あと100万円お布施しなさい」というのとあまり変わらないのである。

しかも、患者の方も魔術を信じ切っていたので、魔術師にそう言われるとまったくそうだと思ってしまったのである。決して、魔術はインチキだなどと思わなかったのだ。

そういう思い込みがどれほど強く、恐ろしいものかは、錬金術師のことを考えればわかるだろう。ヨーロッパでは中世から近世にかけて、数えきれないほどの錬金術師が登場し、賢者の石を作り、鉄や銅などを金に変えようとした。そして、何度も実験し、何度も失敗した。その理由は、あと少しのところで壺が壊れたとか、炉の火が消えてしまったとかいうものだった。人生のほとんどを錬金術の研究に費やし、数えきれないほどの失敗をしても、錬金術師たちは錬金術など不可能だとは考えなかったのである。

現代人のみなさんには信じられないかもしれないが、魔術を信じるとはこういうことなのである。

索引

英数字

magic 162
necromancy 40、110
nigromancy 40、110
sorcery 162
taboo 162
witchcraft 162

あ

愛の呪文 68
愛のリンゴ 62
悪魔 12、40、58
悪魔学者の人狼魔法 58
悪魔憑き 90
悪魔との契約 42
アザンデ人 208、210
『アザンデ人の世界』 162
足跡の黒魔術 22
阿毘遮魯迦法 154
アプレイウス 54
安倍晴明 128、130
アレイスター・クロウリー 114
安駝駝 194
アンリ・ボゲ 90
飯綱権現 152
飯綱の法 152
飯綱法 152
イエス 36
生霊 170
いざなぎ流 120、126、132
いざなぎ流「厭魅」の法 132
イザベル・ガウディ 54
イシス 34
犬神 126
犬神の呪法 126
イメージの黒魔術 14
衣類の黒魔術 20
印 146
インプ 92
陰毛 30
陰門陣の秘法 198
ヴァジュラバイラヴァの秘法 202
ウィリアム・パーキンズ 46
ヴードゥー・ドール 214
ヴードゥー教 204、214
ウェイド・デイヴィス 204
ウェタル島 26
『宇治拾遺物語』 128、130
丑の刻参り 120、122
宇治の橋姫 122
禹歩 166、174、188
栄光の手 16、98
映像 26
エジプト 34
エリザベス・クラーク 92
厭魅 132、164、172、174、176
厭魅の術 176
厭魅の法 132
『黄金伝説』 52
『黄金のロバ』 54
『狼憑きと魔女』 94
大きい名前 34
オークニー諸島 96
『オカルトの事典』 84
オジブウェイ・インディアン 14
隠形法 148
怨敵調伏法 148
陰陽師 120、128、130
陰陽道 120、128、132、146

か

カール・マリア・フォン・ヴェーバー 100
加害者の黒魔術 18
嫁金蚕 182

影……26
影と映像の黒魔術……26
蔭針の法……124
ガスコーニュ地方……108
葛洪……166
蝦蟇仙人……158
蝦蟇の妖術……158
紙人形……174
身体の跡……22
訶利帝……144
訶利帝母……144
歓喜母……144
歓喜母法……144
感染呪術……10、18、28
感染の法則……10、38
感染魔術……10
観想……148
気……168
キーブール……106
鬼子母神の呪詛法……144
牛乳魔法……74、78
共感呪術……10
共感の法則……10、38
共感魔術……10
玉女喜神術……164、192
ギラルディウスのベル……116
切紙……128
キリスト教……40、42、58
儀礼的魔術……40、50
金蚕蠱……180、182
『金枝篇』……10、38、162
禁術……168
禁人……164、168
草人形……174
九字印……146
九字法……146、148
『クトゥルフの呼び声』……38
グリモワール……70、118
黒魔術……8、10
黒ミサ……104、106、108
軍勝秘呪……154
毛……30
経血……32
契約（悪魔との）……40、42、46
月経血……196
幻惑魔法……52、54
降三世法……120
降三世明王の調伏法……140
工匠厭魅の術……178
降霊術……40、110、112、114
降霊術師のベル……116
蜈蚣蠱……180
牛頭願……176
狐涎の法……190
狐涎法……164
蠱毒……164
蠱毒法……126、180、182、184、186
『蠱物要覧』……46
コリアンダー……60

さ

祭儀的魔術……50
摧魔怨敵法……134
災厄転移……96
酒を腐らせる術……188
サタン……46、48
サバト……46、48
サムソン……30
ジェームズ・フレイザー……10、38、162
式神……128、130
式神返し……130
死者の黒魔術……16
四縦五横印……146
シジル……50
使徒ペテロ……52
シモン・マグス……52
邪眼……102
邪術……162
写真……26
ジャン・ド・ニノー……94

宗教的な魔術……12
十六大護の神々……134
修験道……120、146、150、152
呪殺の蝋人形……84
呪術……162
呪物……10、30、128
呪文……68
呪文と黒魔術……36
『小アルベール』……98
召喚魔術……40
肖像画……26
食錦虫……182
植物性媚薬……60、194
ジョン・フィアン……30
自来也……158
児雷也……158
真言……36
真正奥義書……72
神聖四文字……36
『神仙伝』……168
神道……120、124
人狼魔法……56、58
少彦名命……124
性愛魔術……196
聖セケールの黒ミサ……108
セイラムの魔女裁判……102
精霊……36
摂魂……164、170
摂生魂……170
窃盗魔法……74、76、78
セレモニアル・マジック……50
草人紙人厭魅の術……174
操風魔法……88
相憐草……194
詛楚文……164
杣法……132
『ソロモン王の鍵』……50、68、70、118
『ソロモン王の小さな鍵』……118
ゾンビ……204
ゾンビ・パウダー……204

た

『大アルベールの秘法』……64
大威徳法……120
大威徳明王……154、202
大威徳明王法……138
『大奥義書』……50
大独鈷印……138
蛇蠱……180
食べ残しの黒魔術……28
多聞天……142
タンナ島……20
小さな名前……34
血と唾の黒魔術……32
中国娼家の性愛魔術……196
中国の黒魔術……164
中国の植物性媚薬……194
挑気法……184
挑生法……184、190
使い魔……92
憑き物用の呪詛返し……156
唾……32
爪……30
手跡……22
テオフィルス……40
テトラグラマトン……36、114
天候魔法……86、88
篆字……174
天竺徳兵衛……158
デンジャー島……24
天神法……132
転法輪法……134
道教……166
桐人……172
動物性媚薬……64
透明人間……70、72
ドゥルガ……206
『トリマルキオの饗宴』……56
度脱（ドル）……202
ドルジェタク……202

泥棒……16

な

哪吒太子……142
七草四郎……158
名前の黒魔術……34
南法……190
日本の黒魔術……120
ニューオリンズ……214
ニューヘブリデス島……28
鼠の妖術……160
ネロ皇帝……52、112
ノース・ベリックの魔女裁判……86

は

バグブドゥマ……208
バターの窃盗魔法……76
バリ島……206
針法……132
ピエール・ド・ランクル……48
毘沙門天の呪殺法……142
ピタゴラス学派……22
人形（ひとがた）……172、174、178
媚薬……60、62、64、194
猫鬼法……166、186
ビンゲンのヒルデガルド……62
ファウスト博士……40、42、52
『ファルサリア』……112
復讐呪薬（バグブドゥマ）……208
巫蠱……164
仏教……120
不妊魔法……80
フランチェスコ・マリア・グアッツォ……46
ブリジット・ビショップ……102
フレッド・ゲティングズ……84
ペトロニウス……56
『蛇と虹』……204
変身魔法……54、56、58
ペンタクル……50、68、118
『抱朴子』……166
ボコール……204
ボダン……80
『ホノリウス教皇の魔道書』……50

ま

マシュー・ホプキンズ……92
魔術……162
『魔術のアルバテル』……116
魔女……44、48
魔女エリクト……112
魔女の黒魔術……44
魔女の印……92
魔女の軟膏……94
魔女の入会式……46
魔女のはしご……82
『魔女の発見』……92
魔女の花輪……82
『魔女への鉄槌』……76、100、102
摩臍過気の法……200
摩臍気……200
魔弾……100
『魔弾の射手（フライシュッツ）』……100
魔導書……70、118
魔法……162
魔法円……50
摩利支天……148
摩利支天隠形法……148、150
摩利支天神鞭法……148、150
マルケサス諸島……30
マレー半島の恋の魔術……212
マレフィキア……44
マントラ……36
マンドラゴラ……62、78、194
マンドレーク……62
密教……120、134
『ムーンチャイルド』……114
結び目……80、82、88
メフォストフィレス……42
メンゼレ……210
毛髪と爪の黒魔術……30

木偶厭魅の術……172
モンテスパン夫人……106

や

夜叉……142
屋代本『平家物語』（剣の巻）……122
夜盗……16
ヤハウェ……36
妖術……162
陽門陣……198
ヨーロッパの植物性媚薬……60
ヨーロッパの動物性媚薬……64

ら

ラ・ヴォワザンの黒ミサ……106
ラ・ヴォワザンの黒ミサ事件……104
ラー……34
頼豪……160
ラヴクラフト……38
ランダ……206
リチュアル・マジック……50
リボン……80
劉憑……168
ルイ14世……104、106
類感呪術……10
類感魔術……10、14、16
類似の法則……10、38
ルーダン……90
ルカヌス……112
霊……12、118
霊魂……24、26
霊魂を捕まえる黒魔術……24
レメゲトン……118
レヤック……206
錬金術……216
蝋人形……14、66、70、84
ローマ……28、34、96
六字河臨法……136
六字経法……120、136
六字明王……136
六甲秘呪……146

わ

和合草……194
藁人形……14、122、156
悪い呪薬……210

参考文献

黒魔術　リチャード・キャヴェンディッシュ 著／栂正行 訳　河出書房新社
大アルベルトゥスの秘法　アルベルトゥス・マグヌス 著／立木鷹志 編訳　河出書房新社
黒魔術のアメリカ　アーサー・ライアンズ 著／広瀬美樹ほか 訳　徳間書店
高等魔術の教理と祭儀　教理篇　エリファス・レヴィ 著／生田耕作 訳　人文書院
高等魔術の教理と祭儀　祭儀篇　エリファス・レヴィ 著／生田耕作 訳　人文書院
魔術　実践編　デイヴィッド・コンウェイ 著／阿部秀典 訳　中央アート出版社
魔術　理論編　デイヴィッド・コンウェイ 著／阿部秀典 訳　中央アート出版社
悪魔学大全　ロッセル・ホープ・ロビンズ 著／松田和也 訳　青土社
魔女と魔術の事典　ローズマリ・エレン・グィリー 著／荒木正純、松田英 監訳　原書房
魔女とキリスト教　ヨーロッパ学再考　上山安敏 著　講談社
狼憑きと魔女　ジャン・ド・ニノー 著／富樫瓔子 訳　工作舎
ドイツ民衆本の世界3　ファウスト博士　松浦純 訳　国書刊行会
妖術師・秘術師・錬金術師の博物館　グリヨ・ド・ジヴリ 著／林瑞枝 訳　法政大学出版局
オカルトの事典　フレッド・ゲティングズ 著／松田幸雄 訳　青土社
金枝篇1～5　フレイザー 著／永橋卓介 訳　岩波書店
魔術の歴史　エリファス・レヴィ 著／鈴木啓司 訳　人文書院
魔術　理論と実践　アレイスター・クロウリー 著／島弘之、植松靖夫、江口之隆 訳　国書刊行会
魔術の歴史　J.B.ラッセル 著／野村美紀子 訳　筑摩書房
魔術の歴史　リチャード・キャヴェンディッシュ 著／栂正行 訳　河出書房新社
世界で最も危険な書物―グリモワールの歴史　オーウェン・デイビーズ 著／宇佐和通 訳　柏書房
黄金伝説2　ヤコブス・デ・ウォラギネ 著／前田敬作、山口裕 訳　平凡社
黄金のろば上巻、下巻　アプレイウス 作／呉茂一 訳　岩波書店
ヴードゥー教の世界　立野淳也 著　吉夏社
媚薬の博物誌　立木鷹志 著　青弓社
スラヴ吸血鬼伝説考　栗原成郎 箸　河出書房新社
人狼変身譚　西欧の民話と文学から　篠田知和基 著　大修館書店
ジャスミンの魔女　南フランスの女性と呪術　E.ル＝ロワ＝ラデュリ 著／杉山光信 訳　新評論
ファウスト伝説　悪魔と魔法の西洋文化史　溝井裕一 箸　文理閣
ムーンチャイルド　アレイスター・クロウリー 著／江口之隆 訳　東京創元社
吸血鬼伝説　ジャン・マリニー 著／中村健一 訳　創元社
図説　日本呪術全書　豊島泰国 著　原書房
呪法全書　不二龍彦 著　学研パブリッシング
呪い方、教えます。　宮島鏡 著／鬼頭玲 監修　作品社
図説　憑物呪法全書　豊嶋泰國 著　原書房
図説　神佛祈祷の道具　豊嶋泰國ほか 著　原書房
道教の本　学習研究社
呪術の本　学習研究社
密教の本　学習研究社
修験道の本　学習研究社
陰陽道の本　学習研究社
陰陽道　呪術と鬼神の世界　鈴木一馨 著　講談社
呪術探究　巻の1（死の呪法）　呪術探究編集部 編　原書房
火の山（上・中・下）　海音寺潮五郎 著　六興出版
南国太平記［Kindle版］　直木三十五 著
妖術使いの物語　佐藤至子 著　国書刊行会
中国の呪術　松本浩一 著　大修館書店

呪いの都平安京　繁田信一 著　吉川弘文館
修訂中国の呪法　沢田瑞穂 著　平河出版社
アザンデ人の世界　E.E.エヴァンズ＝プリチャード 著／向井元子 訳　みすず書房
禁厭・祈祷・太占　神道秘密集伝　宮永雄太郎 著／大宮司朗 編　八幡書房
性と呪殺の密教　怪僧ドルジェタクの闇と光　正木晃 著　講談社

Grimorium Verum　Joseph H.Peterson 編訳　CreateSpace Publishing
THE HAMMER of WITCHES　Christopher S.Mackay 訳　Canbridge University Press
Magic in the Middle Ages　Richard Kieckhefer 著　Canbridge University Press
THE COMPLETE BOOK OF SPELLS,CURSES,AND MAGICAL RECIPES　Dr.Leonard R.N.Ashley 著　Skyhorse Publishing
Greek and Roman NECROMANCY　Daniel Ogden 著　Princeton University Press
The BOOK OF BLACK MAGIC　Arthur Edward Waite 著　WEISER BOOKS
The Key of Solomon the King(Clavicula Salomonis)　S.Liddell MacGregor Mathers　英訳　WEISER BOOKS
AN ENCYCLOPEDIA OF OCCULTISM　Lewis Spence 著　Dover Publications
Pharsalia; Dramatic Episodes of the Civil Wars [Kindle版]　Lucan 著
WITCHCRAFT AND BLACK MAGIC　Montague Summers 著　Dover Publications
Curse Tablets and Binding Spells from the Ancient World　John G.Gager 著　Oxford University Press
FORBIDDEN RITES - A NECROMANCER'S MANUAL of the FIFTEENTH CENTURY　Richard Kieckhefer 著　The Pennsylvania State University Press
The Satyricon — Complete [Kindle版]　Petronius Arbiter 著
THE VOODOO DOLL SPELLBOOK - A Compendium of Ancient & Contemporary Spells & Rituals Vol.1　Denise Alvarado 著　CreateSpace Independent Publishing Platform

F-Files No.040

図解　黒魔術

2013年8月 6 日　初版発行
2025年4月24日　 4刷発行

著者　　草野　巧（くさの　たくみ）

イラスト　　福地貴子
編集　　株式会社新紀元社編集部
須田汎
DTP　　東京カラーフォト・プロセス株式会社

発行者　　青柳昌行
発行所　　株式会社新紀元社
〒101-0054　東京都千代田区神田錦町1-7
錦町一丁目ビル2F
TEL：03-3219-0921
FAX：03-3219-0922
http://www.shinkigensha.co.jp/
郵便振替　00110-4-27618

印刷・製本　　中央精版印刷株式会社

ISBN978-4-7753-1154-7
定価はカバーに表示してあります。
Printed in Japan